CHAMPOLLION INCONNU

LETTRES INÉDITES

L. DE LA BRIÈRE

PARIS

LIBRAIRIE PLON

E. PLON, NOURRIT et Cie, IMPRIMEURS-ÉDITEURS

RUE GARANCIÈRE, 10

1385

CHAMPOLLION INCONNU

LETTRES INÉDITES

L. DE LA BRIÈRE

—

Madame de Sévigné en Bretagne : Ouvrage couronné par l'Académie Française.

L'autre France : Voyage au Canada.

Le chemin n° 107 : Fantaisie administrative.

Au Cercle : Etude sur la haute société d'Europe.

A Rome : Impressions chrétiennes et profanes

Blanc et Noir : Contes courts.

Mes Amis : Souvenirs personnels.

Les Saints dans le monde : Galerie édifiante.

Livre de prières de Gaston Phébus, comte de Foix.

Montaigne chrétien (Extrait des *Essais*).

Contes et Souvenirs.

La Jeune Mariée : Conseils donnés en 1393.

L'Ordre de Malte : Le passé, le présent.

—

CHAMPOLLION INCONNU

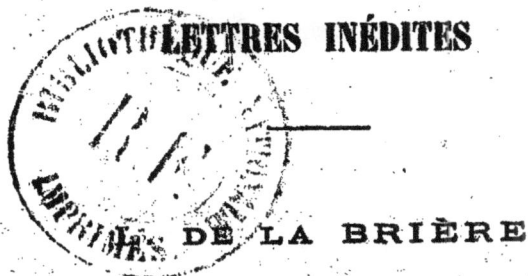

LETTRES INÉDITES

DE LA BRIÈRE

PARIS

LIBRAIRIE PLON

E. PLON, NOURRIT et Cie, IMPRIMEURS-ÉDITEURS

RUE GARANCIÈRE, 10

1897

TABLE

—

———

I

CHAMPOLLION ENFANT

Le génial savant qui, par une divinatrice intuition, découvrit, au commencement de ce siècle, la clé perdue de l'écriture égyptienne, déchirant soudain les voiles d'une histoire mystérieuse, exhumant des entrailles du passé toute une science nouvelle, laquelle dépassa presque aussitôt les balbutiants essais, et atteint déjà de notre temps sa maturité pleine, Jean-François Champollion, l'une des gloires les plus pures et les plus universellement reconnues de notre panthéon national, n'est inconnu d'aucun Français. Les annales scientifiques ont salué sa courte vie de quarante-deux ans, et son œuvre prodigieuse. S'il restait encore, dans ses admirables travaux quelque mérite à célébrer, ce serait aux initiés, professionnels de l'Egyptologie, qu'il appartiendrait de compléter son panégyrique.

Un profane aujourd'hui se permet cependant d'étudier une période spéciale de cette existence laborieuse : c'est qu'il ne s'agit pas ici d'analyser les recherches techniques de l'infatigable érudit, la gestation de sa grandiose découverte : c'est au contraire l'enfance de Champollion, la lointaine préparation du collégien, futur grand homme, qui a semblé pouvoir appeler quelque intérêt.

Le sort a voulu qu'au pied des Alpes Dauphinoises, une demeure patrimoniale, apportée par alliance dans la famille Champollion, demeure qui fut autrefois celle de Condillac et de Mably, située au village de Vif, près de Grenoble, conservât intactes et inédites dans ses vieilles archives, les lettres de l'illustre égyptologue. Il a semblé intéressant de puiser dans cette précieuse collection, après cent ans presque révolus, les témoignages directs et personnels d'une jeunesse curieuse à plusieurs titres.

Ces lettres d'un enfant sont adressées par Jean-François Champollion à son frère aîné Jacques-

Joseph, qui représentait pour lui la famille absente. Voici comment.

Les Champollion, originaires de Champoléon, sur les coteaux du Drac, entre Gap et Grenoble, ont, d'après les *montres* des Compagnies levées par Lesdiguières, fourni de nombreux officiers. L'un d'eux épousa en 1580 une Béranger du Guâ. Un autre en 1663 est gouverneur d'Embrun. En 1727 Mme de Tencin parle de sa compatriote et amie Mme de Champollion. En 1771, les actes mentionnent noble Gaspard-Adrian Bonnet du Couvat de Champollion, commandant une compagnie au régiment de Foix infanterie, et noble Etienne-Joseph du Couvat de Champollion, tous deux fils d'une Gallin de Renaudel. En 1786, un marquis de Champollion figure, avec les Saint-Vallier, les Saint-Ferréol, de Chabrillant, des Adrets, du Bouchage, Béranger du Guâ, parmi les gentilshommes chargés du service, auprès du duc d'Orléans, gouverneur du Dauphiné. Mais, quelques années plus tard, la fortune de la famille était singulièrement déchue ; et, si un capi-

taine Champollion combattait à Jemmapes comme
officier d'ordonnance du duc de Chartres, son cousin, le père du futur grand Egyptologue occupait à
Figeac une modeste situation.

Quand Jean-François atteignit sept ans, l'âge
d'apprendre — il était né en 1790 — la révolution avait fermé les anciens collèges provinciaux.
L'enfant fut confié, comme l'avait été son frère aîné,
à un pauvre moine de l'abbaye supprimée de
Figeac, Dom Calmet, qu'avait charitablement
recueilli à son foyer la famille Champollion. Le bon
religieux, un peu étonné des facultés singulières
de son élève, apercevait déjà dans cette jeune tête
« un genre de génie ». A treize ans, Jean-François
savait tout ce que son maître pouvait lui apprendre :
il aspirait à mieux.

Alors intervint son frère aîné, Jacques-François.
Depuis quelques années déjà, celui-ci avait quitté
Figeac et s'était fixé à Grenoble, où ses savants
travaux l'avaient fait remarquer. Désireux de soulager ses parents, et guidé par une ardente affec-

tion pour son jeune frère, en qui se manifestaient déjà d'étranges dispositions, il se chargea complètement de lui, le fit venir à Grenoble, pourvut à ses besoins, dirigeant ses études de collégien avec la plus tendre sollicitude, ainsi que plus tard il demeura son mentor, son guide et son soutien, dans la carrière Egyptologique.

A Grenoble, Champollion n'eut d'abord pour maître que ce frère très dévoué, mais bientôt, en subissant, avec éclat, devant les commissaires Villars et Lefèvre-Gineau, les examens de concours, il obtint une bourse au lycée de Grenoble que venait d'organiser le gouvernement impérial dans l'ancien collège des Jésuites. Il avait alors treize ans. Ce fut dans cet établissement, immatriculé sous le numéro de lingerie 58, qu'il acheva en deux ans ses études classiques.

Ce lycée réorganisé succédait à un collège officiel assez mal tenu si nous en croyons la très curieuse déposition manuscrite du corps professoral :

Comme les élèves sont assez souvent abandonnés à eux-mêmes, et surtout pendant la messe, il n'est pas fort extraordinaire qu'ils n'y assistent pas ou qu'ils y assistent mal : mais ce qui l'est davantage c'est que, lorsque quelques-uns d'entre nous, témoins de ces manquements irréligieux, ont voulu leur représenter leurs devoirs à cet égard et les engager à les mieux remplir, non seulement ils n'ont pu y réussir, mais ils ont toujours été exposés à voir leur place et leur autorité compromises.

Cet amusant réquisitoire des professeurs relève contre l'un d'eux, un M. Bomi, trois griefs :

1º Passons-nous à ses côtés et le saluons-nous? C'est avec la plus entière certitude que ce salut ne nous sera pas rendu.

2º Les mots de *polissons*, de *fripons* et de *goujats* sont, en parlant de nous, les seuls qu'il ait à la bouche.

3º L'un de nous a vu ses vers infâmes contre le collège! Cet indigne abus des lettres et du plus beau des arts ne se pardonne même pas au talent et au génie. Quelle tache n'ont pas fait à la gloire du grand Rousseau les fameux couplets! Qu'est-ce donc alors que le libelle, la chanson, les prétendus vers de M. Bomi, dépourvus de tout mérite littéraire, sans verve, sans style, sans talent?

Mais, au temps de Champollion, le collège, devenu lycée, comptait comme proviseur et comme censeur des hommes estimés, M. Gattel et M. Faguet; le

jeune élève y eut pour professeurs des maîtres hono-
rés, tels que MM. Lacroix et Jamet.

Ce dernier était un ancien prêtre, fort capable et
justement aimé. Quand il mourut, ses élèves adres-
sèrent au maire de Grenoble, M. Renauldon, cette
belle supplique, alors insérée dans les *Annales de
l'Isère* :

Notre juste reconnaissance voudrait s'affirmer par un monument simple et modeste comme celui à qui nous le destinons.
Nous osons espérer que vous seconderez le sentiment de notre
affection en nous permettant de faire placer une pierre sur son
tombeau.

Le programme des lycées organisés à cette époque
par Napoléon était fort précis : il est exposé, sans
ambages, par cette lettre de Fontanes, grand maître
de l'Université, au recteur de Grenoble : c'est la
glorification la plus naïve du nouveau César, sous
toutes les formes :

Je vous prie, Monsieur le Recteur, de recommander aux
chefs de tous vos établissements de donner fréquemment pour
sujet de composition, tant en prose qu'en vers, les principaux
faits de l'histoire de France, *et particulièrement ceux qui*

rendent à jamais mémorable le règne sous lequel nous vivons.
Les innombrables exploits de nos armées sous les ordres de
Sa Majesté l'Empereur et de ses généraux, la haute sagesse
de ses lois, ses travaux administratifs, les embellissements de
ses villes, les monuments publics qu'il a fondés, l'éclatante
protection qu'il accorde aux sciences, aux arts, à l'industrie;
la vaste influence de son génie sur le sort de la France et de
l'Europe, enfin *l'amour qu'on doit à sa personne et le bonheur
que nous promet sa dynastie* sont une source inépuisable de
sujets que les élèves des écoles françaises ne pourront traiter
sans un vif intérêt!

On apprenait cependant autre chose encore au
lycée de Grenoble. Nous avons ce distique latin d'un
nouveau bachelier, accusant à son examinateur
réception du bienheureux diplôme en parchemin :

Membranam teneo, memor, a te munus amicum.
Hinc mentes gratas accipe quœso meas.

Dans ce milieu, que devient l'enfant amené de
Figeac?

Le jeune pensionnaire voyait souvent son aîné,
le dimanche et le jeudi. Mais l'affection, l'activité
intellectuelle, nécessitaient un échange de vues
plus fréquent encore entre les deux frères : presque

quotidiennement, le tambour du lycée apportait
chez l'aîné quelques lignes du cadet. Ces billets de
Champollion enfant, son frère les a religieusement
conservés, comme il avait déjà gardé les premiers
essais du petit débutant de Figeac, à peine déchiffrables, humblement signés *Cadet*, et qui contiennent
ces modestes aveux :

Je vous prie d'excuser mon petit esprit, qui est encore un
peu volage : j'espère que vos leçons le corrigeront.

Les lettres écrites ensuite, au jour le jour, par
le lycéen de Grenoble composent le curieux dossier
qui va fournir ici quelques notes.

Champollion collégien s'exprime en français,
plus rarement en latin. Il écrit presque toujours
lisiblement, nettement. S'il est un mot qu'il paraphe
quelquefois d'ornements historiés, c'est sa signature. Le papier du temps est épais, solide, grume-
leux, il diffère par le format et par le grain de nos
légères feuilles modernes. Il n'y a pas d'enveloppes :
on écrivait alors le nom du destinataire, au verso

même de la lettre, pliée pour recevoir l'adresse. La date manque presque toujours. Chaque billet commence par ces mots : *Mon très cher frère;* et se termine affectueusement par ceux-ci : *Adieu : je t'embrasse;* ou *Je t'embrasse de tout mon cœur.* La signature s'annonce ainsi : *ton frère obéissant,* ou *ton très humble très obéissant et très respectueux frère.* A noter enfin que l'orthographe est parfois défectueuse. L'enfant en a conscience :

J'ai eu du malheur à cette composition. Je n'ai pas bougé pas plus qu'un rocher. Ce n'est pas les fautes que j'ai faites à ma version. Je n'ai fait aucun contresens : mais c'est des fautes d'orthographe. J'en ai eu sept : voilà pourquoi je n'ai pas eu ma bonne place. Sans cela!... Je te prie de demander à M. Lacroix si ce que je dis n'est pas vrai.

Ce qui frappe surtout, ce qui mérite un intérêt spécial dans les lettres de Champollion enfant, c'est la précocité vraiment prodigieuse de l'esprit, c'est la curiosité universelle du savoir, c'est la soif singulière des notions ardues, ce sont en un mot les traits déjà distinctifs qui caractériseront sa courte vie.

Nous allons voir se manifester dès lors les dispositions naturelles de son intelligence. En son temps, l'attention publique s'arrêtait volontiers sur les applications du système phrénologique, vulgarisé par le docteur Gall. On sait que, d'après celui-ci, les protubérances variées du crâne correspondent respectivement à des tendances particulières, chaque bosse naturelle étant l'organe, le siège, d'une faculté déterminée, et marquant, par son atrophie ou son importance, l'absence ou le développement de la faculté correspondante. Selon la mode du temps, la tête de Champollion a été scientifiquement palpée, et le docteur Janin a établi dans son rapport que l'examen du sujet confirmait pleinement en ce cas les données générales de la science phrénologique.

Sans entrer dans le long détail de son étude sur les *bosses* de Champollion, sur ses instincts de naissance, il est curieux de noter que le docteur ne trouve chez son sujet ni la bosse du calcul, ni celle de la combativité physique. Or, Champollion ne put

jamais apprendre les règles élémentaires de l'arith-
métique, bien que le lycée de Grenoble, pour récom-
penser ses travaux arabes et hébreux, lui ait un
jour, dans son embarras, décerné un prix de mathématiques! Il ne paraît pas non plus avoir connu
l'esprit militaire. Ainsi il ne figure pas parmi les
signataires d'une belliqueuse adresse, qui a été
conservée, et qui fut présentée par ses condisciples
les lycéens de Grenoble à Napoléon :

Ils osent Vous supplier, Sire, de leur rendre les armes dont
on les a privés, de vouloir bien y joindre un guidon aux couleurs nationales, et de leur permettre de verser quatre cent
francs dans le trésor de l'Etat.

Il ne répondit pas davantage à cet appel si attrayant
pour des écoliers :

L'intention de Sa Majesté l'Empereur est qu'il lui soit présenté cent cinquante jeunes gens sortant des lycées. Nommés
d'abord sergents, ils recevront, en arrivant au lieu de destina-
tion, des brevets de sous-lieutenants. Vous m'adresserez vos
listes de présentation, Monsieur le recteur, dans le plus bref
délai.

Enfin, quand, en 1811, Champollion faillit être

enrôlé malgré lui, il bénit hautement le décret impérial de Napoléon, qui l'exempta personnellement du service, pour le bien des études orientales.

Mais si ces bosses manquèrent à l'enfant, son phrénologue déclare très protubérantes chez lui la bosse des langues, celle de la volonté ferme et résolue, celle de la mémoire, celle de la méthode, et celle de la curiosité.

Nous allons voir ces facultés en œuvre dès l'enfance.

Mais avant d'aborder ce sujet, il ne sera peut-être pas sans intérêt, étant donnés l'homme et l'époque, de relever incidemment dans cette jeune correspondance les événements courants du lycée de Grenoble il y a cent ans.

Les incidents de la vie écolière alors, ce sont, avec la couleur particulière du temps, les incidents qui se répètent aujourd'hui.

Voici d'abord le prosaïque chapitre, les demandes d'argent du petit pensionnaire. Elles sont sobres. Champollion savait sa famille peu fortunée. Il n'ignorait pas que la bourse conquise ne dispensait pas son frère des dépenses nécessaires, pour son trousseau, pour les fournitures classiques, pour les arts d'agrément; et il se fût fait scrupule de grossir ces sacrifices en vue des menus plaisirs. Il est toutefois des requêtes inévitables :

Envoie-moi quelques sous, parce que lorsqu'on est en promenade, on est bien aise de pouvoir boire une écuellée de lait, et surtout quand on est bien fatigué.....

Je te prie d'avoir la bonté de m'envoyer vite 3 livres (3 francs) pour la fête de M. Lambert. Envoie-moi les par le porteur de ce billet.....

Hier c'était la fête de M. le Censeur. Nous avons été à la maison de campagne, nous avons fait un goûter : j'en ai été pour 13 sols, je te prie de me les envoyer pour les rembourser...

Je te prie d'avoir la bonté de m'envoyer 40 sols que je dois au portier.

Ces demandes, on le voit, sont discrètes et Champollion répond même à son père qui lui avait fait un jour des offres directes :

Je n'ai pas besoin de rien : je vous remercie de vos offres

obligeantes. Mon frère pourvoit à tous mes besoins. Soyez auprès de lui l'organe de ma reconnaissance. J'espère, en mettant à profit les avantages que je dois à son amour fraternel lui prouver qu'il n'a point obligé un ingrat.

Après la question de l'argent de poche vient celle du trousseau ; elle est traitée par l'enfant avec une amusante *humour* :

Quant à mes habits, tu te plains toujours qu'il sont en mauvais état : tu as raison. Ce n'est pas à moi, mon cher frère, que tu dois t'en prendre : c'est à M. Housset, et à ses subalternes. 1° Mon *anglaise* est en bon état, quoique raccommodée. 2° Ma veste, je l'ai mise sur le lit du domestique, (c'est l'usage) pour la faire porter au tailleur ; il ne l'a pas encore portée : je vais demain lui porter moi-même : elle a un trou au coude et est bien étroite. 3° Mon habit n'est pas déchiré, mais il est dans un tel état que bientôt il sera comme la veste et les culottes d'un arlequin, c'est-à-dire que les pièces de différentes nuances qu'il y a font un effet très pittoresque ; il est aussi extrêmement étroit. On ne veut pas m'en faire d'autre. 4° Ma culotte a été emportée par M. Rouvier ; elle a disparue ; je l'ai demandée souvent ; je vais aller vers les chefs pour la ravoir. 5° Mon gilet est en bon état. 6° Mes pantalons de crêpons je les ai envoyés au tailleur pour faire mettre deux boutons ; on me les a rapportés dans un état horrible ; je ne sais qui s'est amusé à les gâter : ce n'est pas ma faute je te jure : il faut des pièces. Nécessairement je vais faire mes plaintes au censeur, qui, à coup sûr, de peur de dépenser 4 sous, aimera mieux me voir aller tout nu. Tout le reste est en bon état excepté quelques paires de bas, et justement les meilleurs, que les lingères ont trouvé à propos de couper en bas, de manière qu'il n'y a plus de pied. Voilà l'état où je suis, je ne te déguise rien.

Voici, naïvement décrite, une modeste fête du lycée :

La fête de M. le Censeur a été belle : A 8 heures, nous lui avons député les sergents-majors, un sergent, un caporal, et un élève. Ils lui ont fait un compliment en acrostiche et on lui a offert une pendule qui nous a coûté 10 louis, des huilliers, et deux salières en argent. Je pense que c'est assez. Ensuite nous avons été à la messe. En son honneur nous avons été à la promenade jusqu'à midi et demie. M. le Censeur, M. Lacroix et M. Jamet nous ont fait l'honneur de dîner avec nous. Nous avons été régalés. 1º Un bouilli excellent; 2º une sauce de pois; 3º une sauce de je ne sais quoi qui était fort bon; 4º un dessert de belles cerises; 5º une pogne en confitures et au sucre.

Nous avons été ensuite à la promenade à la maison de campagne. Nous avons eu à goûter 1º du jambon; 2º du saucisson; 3º une tourte; 4º une pogne comme celle du dîner; 5º ensuite nous nous sommes bien amusés. Et pour tempérer notre joie, après avoir été grillés par le soleil, nous avons été accueillis en nous en allant par une pluie fine qui nous a tout mouillés comme des rats.

L'esprit du lycée, n'était pas à cette époque un esprit de soumission calme et respectueuse.

On avait mis hier au réfectoire une suscription dont les

lettres avaient un pouce et demie de haut et qui commençait
par ce vers :

Vivitur hic truffis, haricotibus atque carottis.

Mais voici qui est plus grave :

Il s'est passé beaucoup de choses ici. Hier M. le Censeur a
cassé la musique et rangé ses compagnies ; il donnait des
coups de canne et de poing, à tort et à travers. Nous avons
digéré cela patiemment. Les musiciens ont refusé de quitter
leurs plumets ; enfin le censeur les leur voulait arracher, ils
les ont mis en pièces, et ont pris des vestes salies et déchirées.
Le soir, à la maison de campagne, tout le monde a pris de
petits bâtons. Quand on a retourné au lycée, on s'est arrêté
sur les remparts et on a rempli ses poches de pierres. On est
allé souper et on a fait un train d'enfer. Le censeur craignant
une révolte nous est allé faire faire notre prière dans les salles
d'étude et nous a mené coucher. A 9 heures et demie on a
lancé des pierres aux vitres des dortoirs après avoir éteint les
lumières : on a toutes cassé les vitres. Le censeur est venu et
a fait un discours qui n'a servi qu'à animer de plus en plus.
Quand il s'est retiré on a cassé encore les vitres et les pots de
chambre que l'on lançait contre les croisées. Le censeur ne
savait que faire ; il a été à la garnison et placé des soldats dans
le dortoir, la baïonnette au bout du fusil, pour embrocher le
premier qui aurait bougé. On n'a plus brisé mais on criait à
rompre la tête. On n'a pas dormi de toute la nuit. Je ne sais à
quelle extrémité on se portera ; mais je ne m'en suis pas mêlé.

Il fallut ensuite payer les pots cassés.

Ils prennent pour prétexte que l'on a cassé à la maison de

campagne pour 1,033 francs de vitres ou d'autres choses, plus
400 francs de dégât dans le lycée. Ils font monter cette somme
à 1,400 francs et quelque chose. Et le tout, selon leur système
de politique, (assez conforme à celui de la Porte, qui fait réta-
blir aux frais des juifs les endroits de son sérail qui sont
endommagés), doit être liquidé sur tous les élèves, à raison
de 9 francs par tête. Quiconque ne paiera pas ne pourra sortir
(jeudi prochain, 1er jour de vacances) de l'enceinte fatale.

Ces désordres se produisaient même en classe, au moins quand il se trouvait un professeur suppléant :

Nous avons eu hier une drôle de scène à la classe. C'est
M. Durand qui nous l'a faite. Il y avait sous nos fenêtres un
homme qui chantait la *Bourbonnaise*. Il la chantait d'une
voix si ironique que nous ne pouvions nous retenir de rire.
M. Durand crut que nous rions de lui, il se lève, se met dans
une colère affreuse et nous dit que s'il était notre maître il
nous ferait mettre à genoux au milieu de la cour; et il nous dit
qu'il avait produit plus de trente élèves aux Joséphistes (il lève
le chapeau!) et il nous en fit l'énumération. Ensuite, descend
au milieu de la salle, et mettant ses deux poings sur ses
hanches : Sachez, Messieurs, nous dit-il, que je ne suis ni
un ..... il dit deux gros mots que je ne veux pas mettre ici.
Ensuite il ordonna d'expliquer longtemps; et puis il interrom-
pit celui qui expliquait : Messieurs, nous dit-il, c'est pour
vous dire que c'est moi qui a fait un fils, ce n'est pas les autres
qui l'ont fait, c'est moi qui l'ai fait, et l'ai rendu capable d'en-
seigner la rhétorique et l'humanité!

Ces petits tableaux extérieurs que je n'ai pu

m'empêcher de servir en hors-d'œuvre offrent, me semble-t-il, moins d'intérêt que les passages de la correspondance laissée par Champollion enfant et qui peignent son propre caractère.

L'un des traits les plus saisissants qu'accuse cette nature si riche et si mobile, c'est une impressionnabilité nerveuse qui pousse à l'extrême les dispositions successives de l'âme et qui l'abandonne toute vive, tout entière aux mouvements les plus opposés.

Ainsi l'enfant a ses périodes exubérantes de succès et de satisfaction :

Ce matin l'on a examiné et fait opérer au tableau tous ceux de ma classe pour pouvoir nommer un premier, et c'est moi qui ai eu cet honneur. Je pense avoir dans quinze jours une *præmium Doctrinæ*, du moins si le sort me favorise.....

J'ai dans la classe l'emploi de caporal ; c'est-à-dire que je marque ceux qui font du bruit. Mon règne ne dure que quinze jours. L'année passée je fus le deuxième élu, et cette année je suis le premier. Je l'ai été quatre fois l'année passée. J'espère que cela durera.....

Je suis le premier..... J'ai remporté le deuxième accessit

d'examen et le premier de composition. Je monte en cinquième.....

J'ai reçu hier 4 *Délivrances* de M. le Censeur qui m'a beaucoup loué et félicité sur ma bonne conduite.....

J'ai quelque chose à t'annoncer mon très cher frère qui me fait bien plaisir à moi. Je ne doute pas que cela ne te fasse de même.

Lorsqu'on a donné la composition, M. Lacroix m'a dit que j'étais le dernier; mais lorsqu'on m'a appelé le premier, ça m'a piqué le cœur. M. le Censeur est venu; il m'a fait bien des compliments; il m'a touché la main et tiré l'oreille.

Mais voici, en regard, les périodes d'humeur et de découragement. Elles surviennent presque forcément au cours d'un internat. Elles sont ici décrites avec une virulence, une amertume vraiment éloquentes.

Je t'avouerai que depuis quelque temps je ne suis pas dans mon assiette ordinaire : mon *humeur noire* me regagne; enfin je ne suis pas à mon aise : je dépéris, et je le sens, je crois que si je n'avais pas ici quelqu'un qui me fait passer le temps, un ami qui me soulage, je ne vivrais pas longtemps.....

Tous ceux qui sont malades se sont prudemment retirés chez leurs parents. A l'infirmerie, on est mal servi; couché sur un lit on reste seul : si l'on a besoin de quelque chose, il faut attendre jusqu'à la prochaine visite du médecin, qui pour

toutes les maladies — aurait-on mal aux doigts du pied —
ordonne de la *tisane pectorale*. Si je reste longtemps ici, je
ne te promets pas de vivre.....

Tu n'appelleras pas ceci une rêverie! Il y a bien longtemps
qu'on me tourmente; mais jamais on ne me porta un coup
comme celui-ci. Non contents de me faire toutes sortes d'ava-
nies (que j'ai supportées en silence), non contents d'être toujours acharnés à me poursuivre et à interpréter à leur
manière mes actions les plus innocentes, ils veulent encore
m'ôter les consolations! J'avais un ami que j'ai aimé de tout
mon cœur et que j'aimerai toujours. Il m'aimait autant que je
l'aimais; il m'aidait à supporter les peines et les duretés qu'on
exerçait envers moi. Toujours ensemble, on ne nous voyait
jamais éloignés l'un de l'autre; il faisait tout mon plaisir, et
c'est lui qui m'a soutenu jusqu'à présent. Ils viennent de le
changer de division, exprès pour me désoler! Ils lui avaient
conseillé de ne plus me fréquenter.
Mon ami ne tint aucun compte de leurs conseils; il fut toujours ma consolation, et ces monstres, irrités de le voir toujours avec moi, viennent de le changer d'étude et je ne le
verrai plus qu'en passant! Ma tête n'est plus à moi; je suis
furieux. Quand mon supplice finira-t-il? Au reste, quoiqu'ils
fassent, dussent-ils nous hacher, ils ne changeront pas nos
cœurs; que ce trait t'apprenne à les connaître!.....

S'il y a quelqu'un de contrarié et de malheureux dans le
lycée, c'est *moi!* Ils me feront perdre la tête.....

Je ne puis souffrir mes camarades, excepté un qui m'est
bien cher, mais il est malade; je ne puis le voir. Nous nous

aidions mutuellement à supporter notre misérable existence; maintenant il est chez ses parents, il jouit du moins de leurs tendres embrassements. Pour moi, sombre, délaissé, je ne jouis de ta vue qu'une fois par semaine. Je sens que je ne suis pas bien, je ne sais quoi me pèse sur la poitrine; je crois y avoir un abcès.....

Ne pourrais-tu pas me retirer du lycée? Je me suis fait violence jusqu'à présent pour ne pas te déplaire; mais cela me devient tout à fait insuportable. Je sens que je ne suis pas fait pour vivre resserré comme nous le sommes.....

Si j'ai tort en beaucoup de choses, ne m'en fais pas des reproches : je ne pense pas plus qu'une pierre! Le lieu que j'habite porte en lui je ne sais quoi qui vous plonge dans une apathie complète, toujours plus maintenant; car mon ami Wangehis, qui était de mon humeur sombre et peu sociable (chose que tu m'as souvent reprochée) est parti pour son pays. Je suis seul avec mes livres hébreux, ce qui ne me fâche pas beaucoup; mais je sens que cela ne fera qu'augmenter ma misanthropie; et mon humeur peu sociable prend chaque jour de nouvelles forces quoique je me représente toujours les suites qu'elle aura, comme tu me l'as fait voir si souvent.

Tâche de me retirer d'ici, je t'en supplie, ou je serai bientôt le plus malheureux des hommes. Excuse. Je n'ai voulu rien te déguiser; je t'ai ouvert mon cœur. Tu y as lu. Tu sais ma maladie; portes-y remède.

Cette crise aiguë fut amendée par les conseils du grand frère. Champollion lui écrivit :

Fiat voluntas tua! c'est mon désir.

Avec cette disposition d'impressionnabilité sensitive, les lettres de l'enfant manifestent encore une timidité, une modestie, une méfiance de soi-même que plus tard les contemporains déclarèrent singulièrement attrayante chez le grand homme. Au lendemain d'une sortie, il écrivit à son frère :

J'eus tort hier au soir, je le sens bien maintenant, de ne pas saluer M. Chalvet en partant; mais je t'avoue que, lorsque je le fais, j'ai un air le plus gauche du monde. Je n'aime pas à parler aux personnes un peu âgées. J'ai pour cela une timidité et une honte qui me retient et à laquelle je ne comprends rien. Que ferai-je?

Un autre jour, le lycéen est invité à parler devant le préfet du département en séance solennelle; il se récuse aussitôt :

Je suis vraiment fâché de l'honneur que veut me faire M. le préfet, mais je crois impossible que je puisse vaincre ma timidité. Si je suis troublé devant quatre personnes, à plus forte raison devant mille. Je te prie de faire toutes les démarches possibles pour que cela n'ait pas lieu. S'il veut m'examiner j'en suis bien fâché; mais je t'assure que je n'aurai jamais la force de répondre devant des personnes si respectables. Je te prie de croire que ce n'est pas à cause que je ne sais pas, que j'agis ainsi. Tu sais à quoi t'en tenir.

L'enfant dut obéir cependant, triompher de sa timide répugnance ; et voici comment le *Journal administratif de l'Isère* rend compte du rôle que joua Champollion dans la circonstance :

Plusieurs élèves, dans leurs moments de loisir, se sont adonnés à des études qui ne font point partie de l'enseignement dans les lycées. Ainsi on a vu lors de l'examen public le jeune J.-F. Champollion, élève national, expliquer une partie d'un chapitre de la *Genèse* sur le texte hébreux, après avoir répondu à quelques questions qui lui ont été faites sur les langues orientales en général. M. le préfet qui couronnait les vainqueurs a témoigné sa grande satisfaction.

En effet, la note principale de Champollion enfant c'est son activité d'esprit, c'est cette puissance cérébrale déjà intense qui lui permet de tenir dans ses classes un rang honorable, et d'embrasser, avec le programme du lycée, tout un monde inattendu de connaissances particulières.

On croirait à peine, si nous n'en apportions ici les témoignages personnels et précis, qu'une intelligence de treize ou quatorze ans ait pu suffire à la tâche immense, multiple, que se donne volontairement l'écolier : il aborde en se jouant les études les plus ardues, stupéfiant maîtres et camarades, par par son goût déclaré pour l'arabe et l'hébreu, faisant sa récréation favorite de ce qui aurait rebuté les plus appliqués, amoureux déjà passionné de cette Egypte cachée qu'il violera pour ainsi dire un jour avec le plus ardent délire !

On connaît le programme classique, où se pressent Homère et Virgile, l'histoire, la géographie, les mathématiques. L'enfant prodige le suit, par obéissance ; mais son cœur n'est pas là. Il étudie à côté, il étudie tout !

Envoie-moi le *Gradus, Tite-Live, Dioscoride*...

Envoie-moi un peu l'*Anacréon* en Languedocien, pour juger une querelle qui s'est levée entre un provençal et moi...

Je te renvoie l'*Art d'écrire*, je l'ai lu. Envoie-m'en un autre s'il y en a, ou un livre quelconque.

Je te prie de m'envoyer le plutôt possible le 3me volume des *Principes de littérature*, car j'y prends goût...

Je lis *La Harpe* avec le plus grand plaisir; il expose les règles de la littérature, en même temps que les exemples, ce qui fait bien comprendre : c'est avec le plus grand contentement que j'en continuerai la lecture.....

Je te prie de m'envoyer si cela ne te dérange pas le premier volume de *Caylus*. Je te promets d'en avoir tout le soin possible. Je ne le gâterai pas : je t'assure qu'il ne sortira pas de mon pupitre.....

Je te renvoie *Condillac*. En attendant que tu te procures le suivant, je te prie de m'envoyer un voyage ou quelque autre chose.....

Si tu veux, envoie-moi *Du Choux sur la religion des Romains*.....

Je te prie de m'envoyer le premier volume de *Fréret* et celui de *Depuis*. Je te serai obligé.....

Envoie-moi *les Ecoles normales*, ou porte-moi-les demain...

Je te prie de m'envoyer *Brisson*. Je te serai obligé; car j'ai la permission de suivre le cours de physique...

Apporte-moi un livre demain, car je ne sais que faire. Je te serai obligé...

On m'a parlé d'un certain ouvrage intitulé *Vie du Législateur des Chrétiens*. Il me semble que tu l'as. Pourrais-tu me le faire passer? Ou si tu ne l'as pas, dis-moi à peu près ce que c'est et le jugement qu'on doit en porter, tant pour la morale que pour l'authenticité des faits qu'il peut rapporter.....

Envoie-moi un livre, le voyage de *Paul Lucas*, de *Sthos*, ou un autre comme tu voudras.

Je te prie, mon très cher frère, de me faire passer *Montaglon*.....

Envoie-moi, je te prie, la *Mythologie des peuples du Nord* (introduction à l'histoire de Danemarck. Mallet).

Si tu as un exemplaire de *l'histoire de Danemarck*, envoie-moi le; d'autant plus qu'il me facilitera l'intelligence de *l'histoire du Ciel* qui cite souvent des noms des Dieux du Nord.

Envoie-moi ce soir les *Synonymes français*. M. Jamet nous a conseillé de les lire.....

Je te remercie de *Mably*; j'ai lu les *Entretiens de Phocion*; il me semble que ce que dit M. l'abbé Mably dans la préface, qu'il a extrait et traduit cet ouvrage d'un certain manuscrit grec de la bibliothèque du Couvent du Mont-Cassin, doit être regardé sur le même pied que sa préface du *Voyage d'Anténor en Grèce*. Qu'en penses-tu? Crois-tu qu'il soit vraiment traduit du grec? Qu'il soit vraiment antique? Qu'il soit un ouvrage de Phocion? Plutarque n'en parle pas dans la vie de ce grand homme. Pour moi j'en doute fort. Je suis persuadé que c'est un trait de politique de notre auteur pour faire goûter son ouvrage. Il se servait de tant de couleurs que ce ne serait pas miracle.....

Envoie-moi un livre. Je ne sais que faire après avoir fait mes devoirs de latin et étudié l'hébreu, le syriaque et le chaldéen...

Champollion veut enfin se reposer parfois des études sérieuses; et voici ses lectures *légères :*

Je te prie d'avoir la bonté de m'envoyer le 1er volume du *Magasin Encyclopédique* ou celui des *Mémoires de l'Académie des Inscriptions et Belles-Lettres,* parce qu'il ne faut pas toujours lire des choses sérieuses comme Condillac.....

On m'a prêté un drôle de livre hier qui m'a beaucoup amusé. Tu en seras étonné; mais, comme dit Esope à l'Athénien qui le reprenait de ce qu'il jouait aux noix avec de petits enfants : il ne faut pas toujours tenir l'arc bandé car il se romprait bientôt. Il faut donner quelque relâchement à son esprit. Pour en revenir à mon livre, il avait pour titre *Histoire des chiens célèbres.* On y remarque principalement le chien d'Ulysse, qui le reconnut avant de mourir. Il y a aussi un certain Mustapha qui met le feu au canon pour venger son maître qui avait été tué.

Ce liseur infatigable veut même fonder une académie dans son lycée. Il recrute un petit groupe intellectuel, et il sollicite au dehors le concours de *Membres correspondants.* Un certain nombre de personnages marquants de Grenoble reçurent à ce sujet la circulaire manuscrite que voici :

L'*Académie des Muses* à M. X...

Monsieur,

Ayant eu connaissance de votre capacité et de vos talents, nous osons aujourd'hui vous prier d'aider l'*Académie naissante des Muses*.

Nous vous prions de nous aider de vos conseils. Ce n'est qu'en vous que nous avons espérance de réussir dans nos projets. Nous cherchons à nous instruire en nous amusant (*miscuimus utile dulci*). Etant encore trop jeunes pour juger de notre ouvrage, c'est à vous que nous avons recours. Vos lumières peuvent nous conduire dans le sentier fleuri des beaux-arts. Soyez pour nous un Apollon : montrez-nous le vrai chemin qui conduit au Parnasse. Nous vous prions de vouloir bien nous faire l'honneur d'être un de nos membres correspondants. Vous obligerez
vos très humbles et obéissants serviteurs.

Le président-trésorier,
CHAMPOLLION.

Le secrétaire archiviste,
GERVAIS.

Les membres :
ALLEGRET, DIVRON, MALLEÏN, SOURNIER.

Ailleurs le jeune instigateur de cette création littéraire en explique le mécanisme :

Voici ce que nous nous proposons de faire. Chacun de nous travaillera quand il aura le temps à faire quelque morceau digne de nous, soit en vers ou en prose. Il y aura séance chaque jeudi à la récréation, dans une classe : nous obtiendrons l'agrément du Censeur. Je te ferai voir le discours que je prononcerai à l'ouverture de l'Académie. Nous ne voulons être que huit. Nous aurons plusieurs membres correspondants, qui sont tous des personnes âgées et plus vieilles peut-être que toi. Je te prie de nous écrire, et, si tu peux, de nous faire présent d'une de tes dissertations de Saint-Laurent. Si tu le peux encore, écris-nous quelque lettre instructive pour jeudi, qui est le jour de l'ouverture. C'est demain. Tu m'apporteras le tout demain en venant nous voir : je te serai obligé.

P. S. Je te prie de m'envoyer le premier volume du *Magasin Encyclopédique*, parce que nous en lirons un article à chaque séance, j'en aurais le plus soin possible.

Le jeune lettré est en même temps un jeune botaniste :

Je te prie d'avoir la bonté (si tu veux) de m'envoyer mon herbier car j'ai beaucoup de place; ainsi que *Linnœi amenitates academicœ*, pour le classer par familles. Je te promets que j'en aurai bien soin, ainsi que de l'herbier. Sois-en sûr d'ailleurs, on ne pourra pas y toucher (si cela était permis) puisque je le fermerai toujours sous clé. Fais-moi ce plaisir je te prie.

L'on m'a prêté le système de M. Villars, son ouvrage avec les classes. Je voudrais ranger mes plantes; j'ai une caisse qui ferme à clé. Si tu voulais m'envoyer mon herbier, tu me ferais bien plaisir.

Je te prie en grâce de faire en sorte de m'envoyer des plantes.

Cet herbier, si aimé de Champollion, a été conservé par son frère; il demeure encore aujourd'hui dans la maison de Vif, avec toutes ses reliques d'enfance.

Le lycéen est encore un entomologiste :

Je t'envoie 97 insectes préparés. Quand ils seront arrivés tu les mettras, je te prie, dans un lieu sec et bien fermé pour ne pas les exposer à la voracité des teignes et d'autres vers ennemis des collections. Envoie-moi des épingles pour en piquer un nombre plus considérable que celui-là, *haud morâ*; parce que si j'attends si longtemps à les piquer je m'exposerai à perdre mon temps et ma peine parcequ'ils sècheraient, et quand je les voudrais piquer ils voleraient en poussière. Si tu as quelques couvercles et fonds de boîtes comme ceux-là, envoie-moi les je t'en prie.

P. S. Aurais-tu un peu de gaze pour faire un réseau pour prendre les papillons sans les endommager.....

Je t'envoie, mon très cher frère, deux insectes mâle et femelle que l'on m'a apportés. Ce sont deux nasicornes, espèce de coléoptères bien rares. Je te prie de les mettre en sûreté...

Je t'ai envoyé tout ce que j'avais, excepté une boîte où il y

avait des chrysalides : je te l'enverrai ce soir, avec une autre
où sont des chenilles que je nourris. Elles sont superbes. Je te
prie de dire à Pierre, ou à Rif, d'aller chercher un peu de
l'herbe sur laquelle elles sont, pour leur donner à manger, car
celle qu'elles ont est sèche,.....

Tu m'enverras ce soir les volumes de Plüche qui parlent
des insectes, *Spectacle de la nature* : donnes-en trois ou
quatre.....

Si tu peux te procurer le *Traité élémentaire d'Histoire
naturelle* de M. Millin (3e édition) tu me ferais bien plaisir.....

Je regrette, mon très cher frère, de n'avoir plus de boîtes.
Je t'aurais envoyé un plus grand nombre d'insectes. Mais ils
sont en dépôt dans la grande. Voilà un échantillon de ce que
j'ai pris hier à la promenade. Tu vois quel usage je fais du
réseau de gaze que tu as eu la bonté de me procurer. Mets-les
avec les autres dans un endroit bien fermé. Je t'en envoie 66 :
il m'en reste encore d'autres.....

Avec les sciences, le jeune Champollion cultive encore les arts.

Je me suis fait inscrire pour le dessin : Je crois qu'il commence aujourd'hui; envoie-moi mon cartable avant onze
heures.....

Voudrais-tu que je prisse l'ornement? Cela me serait fort
utile, principalement à toi; si tu voulais faire copier des urnes,
des sarcophages, de vases, etc., tu n'aurais pas besoin d'avoir
recours à d'autres mains que les miennes.....

Veux-tu que j'apprenne le paysage, qui suit le lavis? Ou si tu veux que je continue les têtes à l'estompe? Ou bien consens-tu que je fasse un jour une tête, et l'autre un paysage? J'attends ta volonté qui sera la mienne.

Le professeur de dessin était M. Jay. Comme l'herbier de Champollion, la collection de ses têtes d'étude et de ses ornements a été conservée religieusement dans les archives de Vif, avec le diplôme de son premier prix de dessin.

Mais qu'est-ce que tout cela auprès d'une autre étude, qui absorbait chèrement le lycéen? Jeune linguiste de treize ans, il cumule avec les travaux qui précèdent l'étude des dialectes orientaux, apprenant sans maître, et par plaisir! L'Orient séduit Champollion dès l'enfance! Il a comme le pressentiment de son illustre avenir d'orientaliste:

Si je fais le devoir de latin, ce n'est que pour ne pas m'attirer des punitions : je n'y ai aucun goût depuis longtemps. Les langues orientales, ma passion favorite, je n'y travaille qu'une fois par jour.....

Le grec, l'hébreu et ses dialectes, et l'arabe, voilà ce que je brûle et je désire apprendre.....

Tu m'as fait entrevoir que tu me retirerais du Lycée... et que tu tâcherais de me faire entrer dans le collège où l'on apprend le grec, l'hébreu, l'arabe, le chaldéen, et le syriaque...

Je te prie d'avoir la bonté de m'envoyer les 2 volumes du *Mécanisme des langues* : Je te serai obligé.....

Tu me ferais un bien grand plaisir de m'envoyer le 3ᵉ volume de la *Bibliothèque des amateurs*. Je voudrais voir et copier l'ancien alphabet hébreu et syriaque, de même que la figure que prennent les lettres arabes à la fin et au milieu d'un mot; ainsi que d'autres alphabets de l'Orient que je ne serais pas fâché de connaître.....

Je te prie d'avoir la bonté de m'envoyer ou *Quintus de Smyrne*, ou le 2ᵉ et le 3ᵉ volume de l'*Histoire politique et philosophique des deux Indes* par M. Reynal : J'ai lu le premier.....

J'aurai bientôt fini mon dictionnaire; voudrais-tu avoir la bonté de demander à M. de la Valette le premier volume de la *Bibliothèque orientale*? C'est un livre que je veux lire et qu'on ne saurait trop consulter, pour marcher d'un pas sûr dans ce dédale de dynasties de l'Orient. Et d'ailleurs ce n'est que là qu'on se familiarise avec les noms orientaux et qu'on meuble sa mémoire de connaissances tout à fait nécessaires à quelqu'un qui est destiné à faire une étude particulière des Orientaux.....

J'ai lu dans le *Mécanisme des langues* la dispute de MM. Falconnet et Frenet sur la signification du mot *Dunum*. Le premier prétend voir que *Dunum* signifie lieu élevé, ce qui ne convient pas mal à *Exellodunum* ou Capdenac, car tu sais qu'il est situé sur une hauteur; et le deuxième dit que cela signifie un lieu habité. Pour m'en éclaircir, j'ai cherché sur les racines hébraïques et j'ai trouvé que *Dome* signifiait ville : témoins *Médine*, ville d'Arabie; et *Dinas* en bas-breton signifie ville. Dans le grec je trouve que *Diné* signifie gouffre. Falconnet prétend aussi que *Dunum* signifie montagne. Dans les clés chinoises, je trouve *CHAN-I, HAN-I, TA-I* qui n'ont aucune analogie avec *Dunum*, qui signifie montagne. Je voudrais savoir à quoi m'en tenir et je pense que cette dispute peut t'intéresser, si tu publiais ta dissertation sur Capdenac, ainsi que les notes que tu pris sur les lieux. Qu'en penses-tu? Qui est-ce qui a tort? En tout cas, consulte tous les dictionnaires d'étymologie, et surtout le celtique in-folio au mot *Uxellodunum*.

Quand, au sortir du lycée, Champollion apprendra que son frère espère pour lui une modeste place à la Bibliothèque impériale de Paris, voici le principal profit qu'envisage dans ce changement de situation le jeune débutant :

L'entrée à l'école spéciale des Langues orientales me procurera mon admission à la Bibliothèque impériale. Ce ne sera pas l'un des moindres avantages de ma place. Alors je pourrai m'adonner totalement à l'étude de l'arabe, du syriaque, de l'hébreu, du chaldéen, du persan, etc.

L'orientaliste enfant est surtout et principalement

Egyptologue, car c'est l'Egypte qui le fascine. Elle
l'attire étrangement déjà par son charme mystérieux :

> Je veux faire de cette antique nation une étude approfondie
> et continuelle. L'enthousiasme où la description de leurs
> monuments énormes m'a porté, l'admiration dont m'ont rempli
> leur puissance et leurs connaissances, vont s'accroître par les
> nouvelles notions que j'acquerrai. De tous les peuples que
> j'aime le mieux, je vous avouerai qu'aucun ne balance les
> Egyptiens dans mon cœur !

La déesse est encore voilée : le livre est encore
fermé : Champollion n'a pas encore découvert la
langue des Pharaons. Au moins s'initie-t-il à leur
histoire :

> Envoie-moi je te prie le deuxième volume des *Manuscrits
> de la Bibliothèque du Roi* : j'ai fini le premier. Je te le
> renverrai ce soir. Je n'ai plus qu'une petite liste de gouver-
> neurs de l'Egypte que je n'ai pas pu copier ce matin.

Et avec l'histoire de l'Egypte, il s'assimile les
dialectes locaux qui pourront peut-être le rapprocher
de la vieille langue perdue :

> Je n'ai pas de boucles pour les culottes. Envoie-moi *Ludolphi
> ethiopica grammatica*.....

N'oublie pas non plus le reste des livres : joins-y je te prie le dictionnaire et la grammaire éthiopienne de Ludolph. Sois bien sûr que je n'en abuserai point au détriment de mes autres devoirs.

L'Egypte est encore inconnue, au point de vue de la linguistique. Mais les Grecs et les Romains ont parlé d'elle : Champollion sait déjà tout ce qui peut être su de son histoire et de sa géographie. Nous le voyons, âgé de quinze ans, présenter à l'Académie de Grenoble, quelque peu surprise, *une carte d'Egypte divisée par nomes avec les noms anciens de ces provinces !*

Il entend avancer beaucoup plus loin. Il assiège la forteresse par de savantes approches. Ainsi, au nord, les Grecs d'Alexandrie ont pénétré l'Egypte ; à l'ouest, les Arabes l'entourent ; au levant, les Hébreux ont été ses voisins, parfois ses ennemis, parfois ses alliés : Champollion la veut attaquer par tous les points : il apprend avec volupté le grec, l'arabe, l'hébreu qui peut-être le mèneront au cœur de la place fermée... et qui l'y ont mené.

Le voici plongé dans l'étude du grec :

Je prie mon très cher frère de m'envoyer un *Homère* quelqu'il soit : il me fera beaucoup de plaisir s'il peut me l'envoyer ce soir au plus vite, j'en ai un besoin extrême : envoie-moi un tes vieux (petit format).....

Je te prie d'avoir la bonté de m'envoyer *Pausanias* (voyage en Grèce).....

Je te prie de prêter un *Anacréon* grec à Genoud qui te portera ce billet.....

Je te prie de m'envoyer le volume suivant d'*Anacharsis*, je te serais obligé.....

J'ai traduit deux dialogues de *Lucien*. Ce qui m'a embarrassé c'est le passage où Jupiter parle d'Argus (Dialogue 1er).....

M. Lacroix m'a vanté le dictionnaire grec de Schissvelius que je lui ai prêté ce soir.

La langue arabe a son tour :

Envoie-moi ce soir *Niehbür* si tu peux, parce que je veux savoir lire l'arabe, qui a beaucoup de rapports avec l'hébreu.....

Si tu peux, envoie-moi *Niehbür* (voyage en Arabie). Je te promets d'en avoir bien soin. Ou, si tu ne peux pas, envoie-m'en un autre.....

Fais ce que tu m'as dit sur cette inscription arabe : puisque l'on ne peut trouver de sens suivi, c'est une ancienne écriture arabe : car ils en ont changé souvent.....

Je suis dans une joie inexprimable. Je portais ma grammaire Arabe chez M. David. En classe, je la sortis par hazard, et un externe me demanda ce que c'était. Je la lui montrai. Il me dit qu'il en avait une chez lui ainsi que beaucoup d'autres livres grecs et arabes : il m'en apporta un avant hier, et juge de ma joie quand je lus, en titre, *Thomœ Experisi rudimenta Linguœ Arabicœ*. Il me le prête tant que je voudrai, et je suis bien content. Il m'apporta aussi Sophocle, Euripide et Eschyle en un volume. C'est une superbe édition. J'ai vu au commencement l'enseigne de Robert Etienne : *noli altum sapere*. Je te les montrerai tous deux. Il m'apportera ce soir l'*Alcoran*, avec des notes !

L'écolier consacre encore plus de temps à l'hébreu. Il a plus facilement les documents et les livres spéciaux, la *Bible* originale surtout.

Je trouve la grammaire que tu as eu la bonté de me donner claire, nette et concise : on ne saurait mieux mettre à la portée des enfants une langue que jusqu'ici l'on a regardée comme la plus difficile et la plus obscure du monde parce que des ignorants s'étaient plu à en augmenter les difficultés apparentes par des suppléments qui loin de l'éclairer comme ils le croyaient la rendaient obscure et presque incompréhensible. Et ils rebutaient par la difficulté de la lecture et par ce

nombre infini de *points* divers ceux dont le goût les portrait
à cette étude. Moi-même au commencement que je me mêlais
de l'étudier selon la manie des Buxtorfs et des Massonet, les
points voyelles me faisaient suer de grosses gouttes; mais
ayant trouvé par hazard les *racines hébraïques*, qui est un
vrai trésor, animé d'une ardeur nouvelle, je me poussai avec
vigueur, et, lorsque tu m'as mis la grammaire entre les mains,
je me suis trouvé instruit de tout qui regarde les noms et la
lecture. Toutes les vieilles grammaires, de Buxtorf, du cardinal
Bellarmini, me sont à présent parfaitement inutiles, et je te
les renverrai le premier jour que je sortirai, qui sera Dimanche.
Je te prie de te procurer si tu peux les 6 tableaux qui manquent
à la grammaire et qui tendent à prouver le rapport de
l'hébreu avec les autres langues de l'Orient.....

Tu as un vieux livre intitulé *Clavis Linguæ hebrææ;* si tu
n'en a pas besoin, fais-moi le passer.....

Tu as une grammaire syriaque et chaldéenne, tu me ferais
bien plaisir de me l'envoyer avec le dictionnaire et la Bible
syriaque, parce que je voudrais me pousser dans les dialectes
de l'hébreu. Cherche aussi la signification des deux mots
hébreux que je t'ai demandée.....

Envoie ma *grammaire*, la *Bible* et les *abbréviations hébraïques* et mes papiers étiquetés (langues orientales), (traductions
raisonnées), (mythologie), (remarques sur les Israélites et leurs
livres saints). Ils sont dans mon cabinet.

N'aurais-tu pas une bible ou un livre hébreu sans points-
voyelles?.....

Je n'ai pas de Vulgate; elle est aux rayons, envoie-moi la avec les manuscrits.....

Je te renvoie Spon. L'*Histoire du Ciel* est un livre qui ne mérite pas de rester dans l'oubli où on l'a laissé; il expose des origines très claires : c'est sans doute le seul moyen propre de remonter à l'origine de l'idolâtrie et à la connaissance de l'écriture symbolique. Ses étymologies hébraïques sont très justes, comme le mot dont il fait venir Isis; et celui dont il fait venir Labyrinthe, en y ajoutant l'article préfixe (tour palais). Regarde sur ton dictionnaire bibliographique ce qu'on en dit......

Je continue les *Sylves* et mon chapitre d'*Isaiéon*. Je pense le finir avant ton retour. J'y remarque plusieurs tournures qui me plaisent beaucoup; elles valent bien celles d'Homère; et j'espère que ce beau verset : *le bœuf connaît celui à qui il appartient; l'âne connaît ses maîtres; cependant Israël ne m'a pas connu et mon peuple m'a oublié!* vaut bien la peine d'être cité. *Isaiéon* ne pouvait choisir une comparaison plus énergique pour faire sentir aux Juifs leur ingratitude envers un Dieu qui les avait comblés de tant de biens. Il me semble avoir vu cette comparaison et ce tour de phrase dans un auteur grec, mais je ne me rappelle pas lequel.....

J'ai fait un petit traité de numismatique hébraïque d'environ 20 pages, où se trouvent quelques notions de l'ancien alphabet hébreux. J'ai aussi continué mon commentaire sur Isaïe. J'ai trouvé dans tes livres plusieurs ouvrages qui m'ont fait bien plaisir; entre autres : *Reinferdi opera philologica; Relandi antiquitates hebraïcæ; historia plantavina Bibliæ;*

et *Lensden*. Pour les livres de la Bible j'ai un peu négligé *les Sylves*; mais je traduis à leur place une grammaire harmonique des langues orientales.....

Je te prie de me dire comment la Bible hébraïque mot à mot traduit le premier verset du chapitre dix. C'est à peu près le septième mot du verset.....

Confronte ma traduction avec celle des septante et la Bible *mot à mot;* tu auras la bonté de me dire si elle est bonne ou mauvaise. Quant à *Jubas* ou plutôt *Joubès* comme je le prononce je ne saurais te dire l'étymologie de son nom.....

Je te prie de me dire si la version des septante en grec porte *Beatitudines* ou *Beatus;* et si la Bible hébraïque traduit et porte *Beatitudines* ou bien *Beatus*. Pourrais-tu m'envoyer ces psaumes polyglottes. Je serais bien aise de pouvoir comparer les versions les unes avec les autres.

Je traduis le quatrième chapitre de la Genèse parce que je veux avoir et connaître d'après l'original les générations du genre humain, parce que j'en aurai peut-être besoin dans la suite. Je suis arrêté par une difficulté; soit que la Bible que tu m'as envoyée se soit trompée; car je ne puis pas bien distinguer dans le premier verset du chapitre IV si c'est un *ruviar* ou bien un *nun* final. Je te prie de chercher dans ton grand dictionnaire in-folio lequel est le bon, ainsi que la signification du mot que je soupçonne être *concepit* car il a la mine d'un parfait radical, d'autant plus que le sens semble me l'indiquer, (*Adam cognovit hevam* et ensuite vient *peperit* et *Kin*, dont on a fait Caïn, je ne sais pourquoi).

Envoie-moi je te prie les 3 volumes de la petite Bible qu'on te donnera chez M. Desportes, pour chercher un passage qui m'embarrasse. J'ai trouvé le nœud de celui qui m'embarrassait hier; il signifie : *Il eut deux fils, le nom de l'un est Phaleg nommé ainsi, sous entendu) parce que dans ces jours* (de son temps) *la terre fut divisée. Le nom de son frère est Ikouthan.* Envoie-moi aussi une vulgate, pour comprendre *les noms massorethiques* et les comparer avec ma version. Si tu m'envoyais le *Lexicon Rabinicum Ottlionis* pour voir ces abréviations hébraïques que je rencontre souvent et que je ne connais pas, tu me ferais bien plaisir...

Je vois bien les questions, mais où sont les réponses? Il y a des questions dont je désire extrêmement la solution, surtout les mots de l'histoire naturelle de la Bible. N'aurais-tu pas quelque livre qui parlât de l'Histoire naturelle des Livres saints? N'as-tu pas d'autre grammaire des langues Orientales? Si tu as ces objets, envoie-moi les.

On a conservé la Bible hébraïque de Champollion enfant, marquée par lui de son nom et de son numéro de collège. Elle a beaucoup servi : les pages blanches ont été couvertes d'additions et de corrections au texte, proposées par des notes manuscrites en langue hébraïque, sans aucune surcharge ni hésitation : on voit que ces caractères étrangers,

très nettement tracés par le lycéen lui étaient tout
à fait courants et familiers.

La grammaire hébraïque du collégien porte également encore ses notes marginales en hébreu.

En 1807 se termine la correspondance enfantine
de Champollion. Elle peut recevoir comme épilogue
le brevet de membre correspondant que l'Académie
de Grenoble décerna solennellement au jeune orientaliste de dix-sept ans, avant son départ pour Paris.

En vous nommant un de ses membres, malgré votre jeunesse,
lui écrit ce corps renommé, l'Académie a compté sur ce que
vous avez fait, mais elle compte encore sur ce que vous
pouvez faire. Elle aime à croire que vous justifierez ses espé-
rances, et que si un jour vos travaux vous font un nom, vous
vous souviendrez que vous avez reçu d'elle les premiers
encouragements.

RENAULDON,
Président.

Champollion adolescent part pour Paris, il fouille
les bibliothèques, il poursuit ses recherches savantes,

il interroge les travailleurs qui ont accompagné en
Egypte la campagne de Bonaparte. Sa correspondance avec son frère continue dès lors, sinon plus
active, au moins plus nourrie, parce que la lumière
approche. Le commerce intellectuel de ces deux
intelligences jumelles se poursuit jusqu'à la grande
découverte et jusqu'à la mort de Jean-François.
Mais ici c'est seulement son extraordinaire enfance
que l'on a voulu peindre... avec ses propres pinceaux.

Ses lettres l'ont montré érudit à quatorze ans,
et déjà prêt pour cette lutte corps à corps contre
l'inconnu, pour cette lutte qui fut l'honneur de sa
vie et dont il sortit par la voie du triomphe, léguant
à la science une clé merveilleuse, instrument des
découvertes futures, le sens déchiffré des hiéroglyphes, le secret des obélisques, des temples, des
pyramides et des tombeaux, qui jusqu'alors étaient
demeurés muets dans leur antique majesté.

Parmi tous les génies qui ont honoré la science
et l'humanité, en est-il beaucoup dont l'aurore ait
été illuminée de si précoces rayons? En est-il beau-

coup qui aient manifesté dès l'enfance autant de vigueur et de volonté que le petit lycéen de Grenoble, indomptable déjà dans son audacieux projet de percer le mystère Egyptien?

II

CHAMPOLLION ÉTUDIANT

Dans une précédente étude, Champollion enfant nous était représenté, par sa propre correspondance, comme un prodigieux exemple de précocité laborieuse, d'intensité intellectuelle. Cet égyptologue de treize ans, cet hébraïsant de collège, nous était révélé par ses billets journaliers adressés à son frère aîné, qui fut son tuteur et son guide.

A la suite de ces lettres intimes se trouve parmi les archives de la famille Champollion, conservées à Vif, dans le département de l'Isère, une autre liasse de papiers inédits : les lettres de l'illustre savant alors qu'il a quitté le lycée de Grenoble, et que seul, sans famille, à dix-sept ans, il mène à Paris la vie d'étudiant.

L'adolescent poursuit avec obstination le but que s'était marqué l'enfant. Son instinct d'égyptologue devient plus âpre et plus impérieux encore. Les

séductions de Paris, la magie des pompes impériales, les grâces courtoises d'une société qui renaît
après vingt ans de révolution, tout cela détourne à
peine le regard de l'obstiné chercheur. Pauvre,
ignoré, perdu, mal nourri, mal vêtu, cet étudiant
bizarre étudie avec rage. Le tableau de sa vie
obscure, de ses privations, de son travail de forçat,
emprunte à la lointaine époque de 1808 un intérêt,
qui s'exhale, vivace et attachant, de ces pages
jaunies.

Les luttes et les difficultés de cet ardent
noviciat qui précéda la grande découverte et sa
gloire se présenteront ici simplement et familière-
ment. Il ne s'agit encore que vaguement des
tâtonnements, des comparaisons, des efforts, qui
mettront plus tard Champollion sur la voie défini-
tive de la lumière, qui lui ouvriront les yeux, et
avec les siens, ceux de la postérité, sur le sens de
l'écriture égyptienne. Cet enfantement du vrai a eu
ses historiens compétents. Champollion lui-même
a raconté la crise technique, la consommation

gigantesque du travail suprême qui lui livra un jour la clé d'un monde enseveli. Mais déjà ses années d'étudiant, comme l'avaient fait ses années d'enfance, le préparent au résultat final. On va voir comment se continue après le collège cette ardente initiation.

Au sortir du lycée de Grenoble, son frère, cette bonne Providence que Dieu lui donna, l'amène à Paris, pourvoit à son installation, puis retourne à Grenoble, le livrant à lui-même. De loin, Champollion demeure tendrement attaché et reconnaissant à ce vigilant mentor.

Il y a longtemps que tu me prouves que *moi* c'est *toi*. Je serai trop heureux de prouver l'inverse. Mon cœur m'assure que nous ne ferons jamais deux personnes. Maudit soit le jour qui amènerait cette distinction! Elle est impossible, puisqu'elle ne pourrait naître qu'à l'instant où je serais un ingrat! Le présent, le passé, ce que j'étais, ce que je suis, et ce que je serai, tout m'empêchera de l'être!

L'impression du jeune homme sur Paris est d'abord fâcheuse : le pauvre petit provincial transplanté souffre de son exil.

L'air de Paris me mine, je crache comme un enragé et je perds ma vigueur. Ce pays-ci est horrible, on a toujours les pieds mouillés. Des fleuves de boue (sans exagération), courent dans les rues, et sur ce je m'ennuie à mourir. Pour me distraire je vais me promener Dieu sait comment, et je baille tout le long : sic *status rerum!*.....

Je suis seul. Dans l'état où je me trouve, quoiqu'environné de personnes d'un commerce agréable, d'objets relatifs à mes goûts, je ressens un vide affreux. L'étude et le travail seuls absorbent mon esprit et mes pensées, portent un peu de calme dans mon âme. Ce sera là mon unique remède, et ma seule occupation.....

C'est surtout le soir, quand je suis seul chez moi et que je me repose un instant, que mes pensées viennent m'assaillir. Il m'arrive quelquefois que les larmes me viennent aux yeux : mais je me mets à travailler tout de suite et m'absorbant tout entier dans mon occupation je parviens à être plus tranquille...

D'ailleurs Paris, ses rivalités, ses jalousies professionnelles, ses intrigues ne l'attirèrent jamais.

J'ai un mépris mêlé d'horreur pour la sale capitale de la France. Que faire au milieu de ces vampires littéraires? au milieu de ces tripots dégoûtants où l'esprit de parti suffit pour avoir de l'esprit et arriver à la chaise curule? Plus j'y réfléchis, plus je m'attache à nos montagnes. On y trouve des jaloux, des ennemis même, cela est vrai, mais du moins l'opinion éclairée en fait justice; et à Paris il n'y a d'autre opinion que celle des partis. Vous êtes un sot si le parti succombe, un Newton s'il triomphe. Point de terme moyen parce que l'impartialité ne peut exister là où l'on ne juge que la couleur des habits : mais assez sur toutes ces ordures…….

Je suis convaincu, par le sentiment que j'ai de mon caractère que la capitale ne me convient pas. Né dans l'Inde, j'aurais certainement été un derviche contemplatif. Je hais le mouvement et n'aime à me trouver que dans un cercle extrêmement restreint.

Cette jeune et militante existence de l'arrivant comment s'organise-t-elle matériellement à Paris?

Son frère lui ouvre tendrement le plus large crédit :

Tu sais que je ne compte pas avec toi, parce que je pense que tu comptes toi-même, et suis bien sûr qu'en aucune circonstance tes intérêts ne seront séparés des miens, et que nous serons toujours à moitié, m'arrivât-il dix enfants l'un après l'autre, même tous à la fois.

Moyennant le loyer mensuel de dix-huit francs, l'étudiant occupe une modeste chambre meublée chez Mme Mécran, 8, rue de l'Echelle-Saint-Honoré. Son ménage y est d'abord fait par une servante qui coûte quatre francs par mois; ce criant abus appelle une réclamation du grand frère.

Brosse et bats tes habits, abonne-toi avec un décrotteur pour tes bottes et souliers, il t'en coûtera moins. C'est une dérision qu'un article de quarante-huit francs par an pour battre les habits et nettoyer les souliers. Qu'il n'en soit plus question.

A quoi le docile étudiant répond aussitôt :

Je renverrai la bonne à la fin du mois.

Quant à la pension de table, Champollion la prend d'abord chez M. et Mme Faujat, ménage nécessiteux. Plus tard, il mange à la gargotte, dans ces modestes conditions.

Il faut s'accomoder du dîner de quarante sous des *Frères Provençaux*, qui d'ailleurs est très bon. Je te passe dix sous pour le déjeuner : ce qui revient à cinquante sous par jour, ou soixante-quinze francs par mois.

L'étudiant établit ainsi son budget général :

Mes données à peu près ; d'abord quatre-vingt-treize francs pour ma chambre et ma nourriture ; neuf à dix francs de blanchissage ou autres menus détails, soit cent trois francs ; deux bains à trente-six sols, trois francs douze sols, soit cent quinze francs ; le reste, pour la chandelle, l'huile, les lettres, et pour faire le garçon économiquement ; à bien prendre, le tout ne passera guère cent trente francs ; le nec plus ultra sera cent quarante francs. Cependant, quand il y aura souliers, bottes, façon d'habits, etc., tu seras assez raisonnable pour les déduire.

Malheureusement, ces sages prévisions sont souvent dépassées, et le jeune homme crie famine. Il a, chez sa logeuse, des termes arriérés ; c'est l'ancienne, l'actuelle, et la future histoire de beaucoup d'étudiants.

Nous avons un besoin extrême d'argent. Pour moi je n'ai pas le sol. A peine puis-je me faire décrotter et payer le port des lettres que je reçois.....

Envoie vite de l'argent si tu ne l'as pas fait.....

Mme Mécran me tourmente, touchant le paiement du loyer de la chambre.....

Mme Mécran me harcèle chaque jour pour le loyer de la chambre et M. Faujat ne peut m'en donner puisqu'il n'en a pas pour me faire vivre. Je suis ici, pauvre comme un poète, c'est-à-dire un peu plus que beaucoup. Je te prie d'envoyer de l'argent au reçu de ma lettre.....

Je suis aux abois, je n'ai pas le sou. Envoie-moi de suite le mois prochain afin que je ne sois pas obligé de supporter mille vexations de la part de Mme Mécran à cause du loyer de la chambre.....

Je te prie en grâce de m'expédier de l'argent pour payer les quatre mois que nous devons à Mme Mécran, car je commence à m'appercevoir que je suis devenu véritablement *Parisien* à la manière aisée dont je l'ai éconduite les cent mille fois qu'elle est venue m'inviter à lui lâcher mes dix-huit francs. Je crains saisie, procès, prise de corps, etc.....

Enfin on a cru devoir me mettre hors de chez moi un beau soir parce que je ne payais pas. Cela était juste. Adieu, *Tibi salus et nobis argentum!*

La pension de table est bientôt en souffrance, comme le loyer.

C'est aujourd'hui le 29, et depuis le 12 nous jeûnons. Mme Faujat a été malade pendant une quinzaine; tu vois donc par là que ses finances ne sont pas dans un état extrêmement brillant.....

Nous avons peine à vivre, M. Faujat n'est pas trop à son aise pour soutenir tout son ménage.....

Nous n'avons plus d'argent. M. Faujat ne peut plus fournir car il a assez de peine, en travaillant du matin au soir comme un forçat pour soutenir son ménage ; encore a-t-il beaucoup de peine. J'attends de l'argent avec impatience car M. Faujat est en avant, ce qui le fatigue beaucoup, vu la gêne où il se trouve, ce dont je suis témoin journalier.....

La manière vraiment paternelle dont on me traite dans cette maison me paraît mériter beaucoup d'égard et d'exactitude de ta part. J'aimerais mieux mendier mon pain ou vivre dans la dernière gargotte du faubourg Saint-Marceau que de voir dans la peine, à cause de moi, des personnes qui ont pour moi toutes sortes de bontés.

Ces appels trop répétés à la bourse fraternelle sont parfois assez sévèrement accueillis à Grenoble :

Impose-toi pour limites cent trente francs par mois au plus, y compris bien entendu les menues dépenses telles que le blanchissage, l'huile, les lettres, etc.....

Je ne dis rien lorsque le compte de chaque mois ne va qu'à cent trente ou cent quarante francs, et c'est très raisonnable. Mais lorsqu'il va à cent francs de plus, j'ai raison d'y regarder...

A la suite de ces représentations, l'étudiant promet plus d'économie :

Je vais épargner autant que possible pour ne pas t'être à charge. Je ne prétends point te causer la moindre privation. Les sacrifices que ton amour fraternel fait pour moi ne doivent point t'être payés en te causant du désagrément. J'aimerais mieux aller finir ma vie dans le lieu obscur dont tu m'as tiré...

Si ma correspondance avec mes amis m'a fait beaucoup dépenser je vais restreindre désormais cette correspondance qui se bornera désormais à quatre ou cinq lettres par mois, sans les tiennes. Je prie M. Faujat de te donner quelques détails sur la manière dont j'ai dépensé les cinquante-deux francs que tu crois que j'ai jetés au vent. D'ailleurs si tu trouves que la pension soit trop chère, ainsi que la chambre, j'ai des condisciples du lycée, qui logent près du Panthéon à bien meilleur marché, d'autant plus que je pourrais m'entendre

avec l'un d'eux, un de mes amis et un excellent sujet, pour
loger ensemble, ce qui ferait que nous n'aurions à supporter
chacun que la moitié du loyer. La nourriture est bonne et
coûte moins que chez M. Faujat. Si cela te convient, je le
veux bien, tu n'as qu'à parler. Il n'y aura d'autre inconvénient
pour moi que celui d'avoir de grandes courses à faire pour
voir les personnes que je fréquente ordinairement, mais il
suffit que cela puisse t'épargner des dépenses pour moi pour
que je le fasse avec plaisir.

Autre sujet de cuisantes difficultés, pour le pauvre étudiant : le chapitre de la toilette!

Les culottes de reps sont importables, celles de nankin je
les ai usées depuis l'été; ainsi me voilà un franc *sans-culotte*,
sans cependant en avoir les principes ni les intentions.....

Mes culottes ne peuvent plus me servir; elles sont râpées à
force de les brosser et surtout trop étroites pour ce que j'ai
grandi et grossi : envoie-moi du drap et du nankin,......

Comme on ne peut se passer de bottes, je te prie de me dire
s'il en faut commander.......

J'ai bien besoin d'un frac et d'une *anglaise* pour l'hiver. En
vérité je n'ose aller chez personne; aussi je reste chez moi.....

Qui veux-tu que je fréquente? Quand on veut habiter Paris
et vivre avec les Parisiens, il faut faire comme eux. Je ne dis
point qu'il faille dépenser pour les spectacles, les bals, et
autres choses de cette force : mais il faut avoir une tenue et
je n'en ai pas. Ce n'est pas avec des gros bas de coton aux
jambes, un gilet noir et toujours un vieux habit à la provin-
ciale qu'on va en société. Voilà pourquoi je ne vois ni ne peux
voir personne.......

J'ai grand besoin d'un frac et d'une *anglaise* ou redingote.
Envoie-moi de suite le drap pour les deux parce que j'espère
que ce ne sera point à Grenoble que tu me les feras faire ; car
vraiment j'ai l'air d'un lourdaud avec mes habits amples à
longue taille et d'une forme détestable : et je t'avouerai que
c'est là la cause que je ne vois personne, car tu n'ignores pas
qu'à Paris il faut être habillé avant tout. Tu sais que je n'ai
qu'une culotte noire pour l'hiver : je n'ai qu'un gilet de por-
table !

Enfin, le voici à peu près nippé !

J'ai reçu le paquet d'habits. L'*anglaise* est très jolie, les
culottes encore plus. Le gilet vaut trente sols sur les boule-
vards, ce qui aurait pu t'épargner trois francs dix sols de port.
Je ne te dis rien sur tes bas de soie noire, ils sont passables
pour porter le soir chez M. Millin, où personne ne vous regarde
les jambes, ou bien à mettre le jour en allant faire visite aux
Quinze-Vingts. Voilà les *grandes occasions* auxquelles je les
réserve, à moins que tu n'en aie besoin pour raccomoder ceux
qui te restent. Car enfin avoue que tu ne les porterais pas.
Je te dirai aussi que j'ai fait faire une jolie culotte de casimir
ventre de biche, et un gilet passable de patencôte : J'ai pris
cela chez Martin, il t'enverra le compte. Quand je serai habillé,
botté, je ferai toutes tes commissions quelles qu'elles soient
car alors je pourrai paraître devant le public. J'irais même
voir l'empereur si cela te fait plaisir !

L'étudiant ne fait jamais allusion à des dépenses
féminines. On va voir que ses travaux lui laissaient

peu de loisir pour la bagatelle. Aussi peut-on croire à sa sincérité quand il écrit;

Ne crains rien pour ma conduite. J'ose me flatter que jusqu'ici elle est irréprochable. Mes amis viennent me voir : ils connaissent ma façon de penser et se gardent bien de me faire des proprositions qu'ils savent bien d'avance que je refuserais. D'ailleurs je ne sors guères de chez moi que pour prendre l'air au jardin des Tuileries ou au musée, ou bien pour aller faire des visites.

Les distractions presque uniques du jeune Champollion sont quelques soirées fort sérieuses.

Je vais quelquefois passer la soirée chez M. Roquefort qui me régale de plu-ieurs cantates italiennes que Madame chante à ravir. Cela fait passer le temps.....

Les mercredis, je vais chez M. Millin assister aux soirées Il y a beaucoup de monde, entre lequel se trouvent cinq à six princes allemands, espagnols, français, etc., des ducs, etc., et beaucoup de têtes un peu montées. On s'assied, on lit, bientôt une conversation sur un point de science, d'antiquité, ou de beaux-arts s'engage. Chacun prend un parti, et l'on est à se débattre jusqu'à onze heures du soir et même plus tard...

Je vais demain aux soirées de M. Millin comme à mon ordinaire. Voici l'ordre. On entre à huit heures après avoir été annoncé. On salue, on va dire un mot au maître de la maison. Ensuite on se groupe avec les autres, ou bien on lit les ouvrages nouveaux. A onze heures et demie on sert le thé, le punch, etc.; et je vois que la plupart de nos savants ont aussi bon gosier que bonne langue. A minuit et demie ou une heure on est libre de se retirer. Ce qu'il y a de drôle et ce qui prouve que la science nous rend égaux entre nous, hommes, c'est qu'on y voit cinq à six princes, des ambassadeurs, ducs, etc., qui font une assez triste figure dans un coin du salon où Leurs Excellences baillent tout à leur aise. Le jeune prince de Wurtsbourg se mêle de parler et le fait avec beaucoup de retenue et de justesse d'esprit. C'est la seule Eminence qui soit passable. Pour les autres, chargés de cordons d'Ordres, etc., Elles attendent le thé, boivent, et filent.

On le voit, le monde charme peu Champollion, qui avait cependant une jolie figure, de l'entrain, le tour plaisant et une très solide conversation. Son attrait est tout entier pour l'étude. Il travaille d'arrache-pied, sans cesse. Voici l'horaire de sa laborieuse journée :

Les lundis, mardis et samedis, je vais au Collège de France à onze heures et demie pour y arriver à midi. Je prends demi-heure de leçon d'hébreu. Et à midi et demie je cours à la bibliothèque impériale au cours de M. de Sacy. Les mardis, jeudis et vendredis je vais le matin à neuf heures à son cours de persan au Collège de France, et à trois heures à celui de M. Langlès, et à cinq heures à celui de Dom Raphaël.......

Don Raphaël de Monachis dont il est ici question était un ancien religieux, laïcisé par la Révolution et devenu professeur d'arabe à l'École spéciale des langues orientales. Ce maître s'attacha beaucoup au jeune Champollion :

Il me dit toujours *Ebni* (mon fils).

Un peu plus tard, les heures de cours ayant changé, voici le nouvel arrangement :

Le lundi, à huit heures et quart, je pars pour le Collège de France, où j'arrive à neuf heures : tu sais qu'il y a beaucoup de chemin : c'est place Cambrai près le Panthéon. A neuf heures, je suis le cours de persan de M. de Sacy, jusqu'à dix. En sortant du cours de persan, comme celui d'hébreu, de syriaque et de chaldéen se fait à midi, je vais de suite chez M. Audran, qui m'a proposé de me garder chez lui les lundis, mercredis et vendredis, depuis dix heures jusqu'à midi. Il reste dans l'intérieur du Collège de France. Nous passons ces deux heures à causer langues orientales, à traduire de l'hébreu, du syriaque, du chaldéen ou de l'arabe. Nous consacrons toujours une demi-heure à travailler à sa *Grammaire chaldéenne et syriaque*. A midi, nous descendons et il fait son cours d'hébreu. Il m'appelle *le patriarche de la classe*, parce que je suis le plus fort. En sortant de ce cours, à une heure, je traverse tout Paris, et je vais à l'*École spéciale* suivre à deux heures le cours de M. Langlès, qui me donne des soins particuliers.

Le mardi je vais au cours de M. de Sacy à une heure à l'*École spéciale.*

Le mercredi je vais au Collège de France à neuf heures. A

dix heures je monte chez M. Audran. A midi je vais à son cours. A une heure je vais à l'*École spéciale* pour (deux heures) le cours de M. Langlès; et le soir, à cinq heures je suis celui de Dom Raphaël, qui nous fait traduire les fables de La Fontaine en arabe.

Le *jeudi* à une heure, le cours de M. de Sacy.

Le *vendredi* je vais comme le lundi au Collège de France, et chez M. Audran.

Le *samedi*, chez M. Langlès à deux heures.

Je voulais aussi suivre le cours de turc chez M. Jaubert qui est excellent; mais comme cela me fatiguait trop de courir tant, j'ai remis cette fatigue à l'année prochaine.

Que de matières bouillonnent à la fois dans ce cerveau de 18 ans! l'occupant, le consolant, remplissant son esprit, on pourrait même dire son cœur!

Fais-moi passer la *grammaire chinoise;* cela me distraira un peu : j'en ai bien besoin.....

Je sais ma grammaire persane sur le bout du doigt.....

L'étude du zend et du pchéleri me procure d'heureux moments. J'ai la satisfaction de pouvoir lire des choses que personne ne connaît, pas même de nom. Et qui plus est je suis le seul qui comprenne quelque chose à cela, si ce n'est que mon docte maître M. de Sacy sait le lire et voilà tout.......

Les Etrusques m'occupent en ce moment; langue, médailles, pierres gravées, monuments, sarcophages, tout se grave dans ma tête; et pourquoi? *parce que les Etrusques viennent de l'Egypte.* Voilà une conclusion qui ferait sauter au plancher tous vos érudits enfarinés de grec et de latin! Cependant j'ai des preuves monumentales!.....

Je suis le cour syriaque, d'hébreu et de chaldéen au collége de France. J'ai déjà gagné les bonnes grâces de M. Audran notre professeur; « Vous êtes jeune, vous avez du courage, nous pourrons faire quelque chose d'utile. » Ce sont ses paroles. Je suis le plus fort de son cours, presque tout composé d'abbés et de curés à *la tête dure.* Ils sont tous âgés.....

Je travaille beaucoup avec Dom Raphaël et je *raque* déjà très joliment l'arabe; je fais des verbes, je traduis des dialogues, je fais des thèmes.....

Comme c'est moi qui suis le plus fort, je fais la leçon lorsque M. Audran ne le peut pas.....

Je n'ai pas un moment à moi. Je travaille fort avant dans la nuit. Je suis régulièrement les cours de M. de Sacy et Langlès.

M. Audran me témoigne beacoup d'amitié. Le but de notre travail est la confection de la *grammaire syriaque* qu'il a entrepris de faire. Nous nous entendrons ensuite pour faire une *grammaire comparative des langues arabe et hebraïque* qui ne sont évidemmeut qu'un seul et même idiôme à quelques différences de dialectes près.....

Le cours d'antiquités de M. Millin commence aujourd'hui à deux heures. Tu sais que je vais en être une des colonnes. Il nous parlera de la mythologie.

Les amitiés mêmes de l'étudiant sont exclusivement scientifiques; voici son commerce avec un intime, le jeune Dubois :

Nous jabottons monuments, nous nous communiquons nos observations et nous avons toujours quelques bonnes choses à dire et à apprendre l'un de l'autre.

C'est à cette époque que le jeune orientaliste adopta le surnom de *Saghir,* qui signifie, en langue arabe, *le cadet, le puîné;* ses amis le désignent souvent ainsi, et quelquefois lui-même signe ses lettres intimes : *Saghir.*

Mais, comme on le pense bien, il est une étude qui tient le premier rang aux yeux de Champollion. Nous l'avons vu amoureux à douze ans de l'Egyptologie. Devenu élève orientaliste il s'y adonne avec une passion pénétrante. Il est épris de l'Egypte. Il ne faut comparer l'Egypte à aucun autre pays! Ainsi le jeune homme montre-t-il peu d'empressement pour aller occuper un poste dans un Consulat oriental dont on lui avait vaguement parlé : Ah s'il se fut agi de la chère Egypte!

Elle est dans un état bien plus déplorable que les champs

de Constantinople, de Troie et de Persépolis : elle m'offrirait cependant d'assez puissants attraits pour me faire braver bien des dangers. C'est l'Egypte!

Champollion est hypnotisé, comme diraient nos temps. Il est possédé par sa future découverte : il se sent destiné, par fatalité, par vocation, à toucher le but, il y court sans se faire, sur les obstacles, sur les difficultés, aucune illusion :

Je suis poussé irrésistiblement par ma tête, mes goûts et mon cœur dans des chemins difficiles et hérissés d'aspérités qui se renouvellent sans cesse. Tel est mon destin, il faudra le subir quoiqu'il en coûte.

Mais dans cette marche automatique, un espoir assuré soutient l'opiniâtre investigateur. Il a pressenti la gloire : il sait qu'elle l'attend :

Les papyrus sont toujours présents à mes yeux. C'est une palme si belle à cueillir! J'espère qu'elle m'est destinée!.....

En m'encourageant à continuer mes recherches sur les papyrus tu ne fais que m'exhorter à persévérer dans les bonnes résolutions où je suis de savoir enfin à quoi m'en tenir. J'en viendrai à bout.

Il constate, il déclare qu'il a approfondi tous les essais tentés par d'autres chercheurs pour déchiffrer les hiéroglyphes ; mais que toutes ces tentatives ont été vaines.

Ainsi, un savant anglais, le docteur Young a cherché sans succès :

L'anglais ne se connaît pas plus en égyptien qu'en *malais* on en *mantchou* dont il est professeur !.....

Les déchiffreurs d'hiéroglyphes de Londres et de Paris ont-ils enfin reconnu l'absurdité de leurs prétentions ? Renoncent-ils à cette fameuse clé du docteur Young ? Je crains bien que les voyageurs en Egypte soient encore dans la dure nécessité de copier péniblement les hiéroglyphes au lieu de les traduire la clé à la main, ce qui eût été infiniment commode.....

Les découvertes du docteur Young annoncées avec tant de faste ne sont qu'une ridicule forfanterie. La découverte si vantée de la prétendue clé me fait pitié. Je plains en conscience les malheureux voyageurs anglais en Egypte obligés de traduire les inscription de Thèbes, le *passe-partout* du docteur Young à la main !

Un savant suédois, Akerblad, a cru lui aussi saisir la clé mystérieuse : mais, écrit Champollion :

Il a avoué lui-même à l'abbé de Tersan de qui je le tiens que

5

malgré son alphabet et ses belles découvertes il ne pouvait point lire trois mots de suite dans une inscription égyptienne.

Un savant allemand, Guntherwalh, s'est également mépris :

J'ai encore examiné les *découvertes* de Guntherwahl; son alphabet égyptien, et la lecture prétendue de l'inscription n'ont pas le sens commun, c'est une rêverie tudesque.....

Un savant danois, Zoéga, a collectionné les inscriptions, mais sans pouvoir les lire :

Zoéga a rassemblé une quantité extraordinaire de matériaux pour un vaste édifice..... et n'a point mis pierre sur pierre!.....

M. le chevalier Zoéga qui a produit un grossissime in-folio sur cette matière a avoué à quelqu'un que je connais qu'il n'avait pas fait un seul pas dans cette étude malgré des recherches immenses. Il est aisé de s'en convaincre à la lecture de son ouvrage.

Enfin les Français de la *Commission d'Egypte*, c'est-à-dire les savants autrefois emmenés par Bonaparte, et qui ont rapporté d'Afrique de précieux documents, pierres, papyrus, médailles, ont eux-même entrepris de les déchiffrer.

Champollion n'est pas injuste pour la publication scientifique de ces illustres voyageurs : *Description de l'Egypte*.

Ce sont, dit-il, les nombreux manuscrits Egyptiens, gravés avec une étonnante fidélité dans ce magnifique recueil, ainsi que les empreintes, les dessins et les gravures, qui seuls ont pu servir de fondement solide aux recherches des archéologues.

Mais les savants visiteurs de l'Egypte n'ont fourni que d'utiles documents : ils ne les ont pu lire :

Je n'ai pas un grand respect pour eux, ils pourront nous donner de fort bons dessins, mais leurs explications ne sont justement que de *l'eau de boudin*.

En un mot l'Egypte est vierge encore, sa langue n'est pas découverte.

Tout ce qu'ont dit sur les obélisques les Kircher, Jablonski, Warburton, etc., ne sert qu'à prouver qu'on y entend rien.

Bien plus, l'étudiant butté avoue lui-même ses premiers désappointements personnels.

Quant au papyrus, j'ai lu une ligne et demie; j'ai fait un

alphabet basé sur un monument très connu, j'ai trouvé un sens clair, analogue à la circonstance et dans un style convenable... Et je n'en suis pas plus avancé pour cela! Je ne puis aller plus loin! Des groupes m'arrêtent. Je les ai étudiés, médités des journées entières... et je n'ai rien compris!

Mais Champollion a la foi : les désillusions, les achoppements ne découragent pas l'étudiant en fièvre, il travaillera plus et mieux. Pour commencer, il se plonge dans l'étude des langues actuellement parlées au bord du Nil, le copte et l'éthiopien, ce sont sûrement les filles plus ou moins dégénérées de l'ancienne langue, peut-être ramèneront-elles à leur mère disparue le patient investigateur.

J'ai sué sang et eau à débrouiller l'éthiopien et j'y suis parvenu. J'ai étudié ses rapports avec l'hébreu et avec l'arabe et je suis à même de le traduire avec beaucoup d'aisance.....

Je te prie de m'envoyer le dictionnaire éthiopien de Ludolph. Je ne doute point que je n'y trouve beaucoup de mots copto-égyptiens.....

Mon copte va toujours son train et j'y trouve vraiment de grandes jouissances car tu dois bien penser que ce n'en est pas une petite que de parler la langue de mes chers Aménophis, Sethosis, Ramesès, Thoutmosis !.....

Je vais aller voir à Saint-Roch rue Saint-Honoré un prêtre Copte qui y dit la messe et qui s'appelle *Icaha Scheptichi*; ce dernier me donnera des renseignements sur les noms coptes et sur la prononciation des lettres.....

Je me livre entièrement au copte. Je veux savoir l'égyptien comme mon français parce que sur cette langue sera basé mon grand travail sur les papyrus égyptiens.

Il paraît d'ailleurs que les amateurs de la langue copte n'étaient pas alors très nombreux, et qu'elle donnait lieu même dans les sphères savantes à d'étranges méprises.

J'ai vu les manuscrits coptes de la Bibliothèque de l'Arsenal et j'ai ri comme de juste. Il faut avouer qu'on est quelquefois bien bête dans la capitale. Mon cœur a palpité en ouvrant la caisse; j'ai d'abord lu sur la feuille *Manuscrit Copte* et cela me charmait. Mais hélas c'est du slave ou du russe tout pur! Qu'on est bête à Paris... quelquefois!.....

Je ne rêve que copte et égyptien : J'ai fait 1º Une *grammaire thébaine Sahïdique* la seule qui existe. 2º Une *Memphitique*. 3º La concordance des deux dialectes. 4º J'ai transcrit la *grammaire Sahïdique* en arabe, d'un manuscrit copte. 5º J'ai copié des textes. 6º J'ai fait la lettre A d'un *dictionnaire Sahïdique*, il n'en existe pas. 7º J'ai parachevé sept lettres d'un *dictionnaire memphitique par racines*. Enfin je suis si Copte, que pour m'amuser je traduis en copte tout ce qui me vient à la tête; je parle copte tout seul, vu que per-

sonne ne m'entendrait. C'est le vrai moyen de me mettre mon
égyptien pur dans la tête. Après cela j'attaquerai les *Papyrus*
et grâce à mon héroïque valeur, j'espère en venir à bout. J'ai
déjà fait un grand pas !

Ce rendu compte est confirmé par le témoignage
du savant professeur Millin, adressé au frère aîné
de Champollion.

M. votre frère vient souvent travailler chez moi ; il consulte
avec application les différents ouvrages relatifs à l'Egypte. Il
étudie et s'occupe utilement. MM. Langlès et de Sacy en sont
fort contents.

Les préoccupations hiéroglyphiques suivaient
l'étudiant jusque dans ses vacances. Il a dessiné
sur les murs de sa chambrette dauphinoise, à Vif.
de mystérieux cartouches égyptiens, dont il copiait
amoureusement les reproductions, sans pouvoir
encore en déchiffrer le sens. C'est assez récemment
qu'un badigeon maladroit a fait disparaître ces
curieux souvenirs.

L'étudiant fera plus tard le second pas, le pas
définitif. Le voici maintenant armé pour la grande

lutte. Il n'est plus un élève, il est passé maître. Sa vie d'homme commence.

A dix-neuf ans, il est nommé professeur d'histoire à la Faculté des Lettres de Grenoble et conservateur à la belle bibliothèque de cette ville. A trente ans, il regagne Paris où les documents plus nombreux servent mieux son travail; et enfin, à trente-deux ans, le 17 septembre 1822, il lit devant l'Académie des Inscriptions, que présidait M. de Sacy, le résultat définitif, l'exposé de sa lumineuse découverte; il fait connaître la clé des hiéroglyphes. il ouvre au monde futur les portes du vieux monde.

L'enfance et la jeunesse lui avaient mis en main les outils du gigantesque travail.

La lecture que l'Institut a bien voulu entendre a eu un succès complet. Mes découvertes sur les hiéroglyphes ont été jugées incontestables à l'unanimité; et j'ai reçu des compliments plus haut comme les tours de Notre-Dame. Mais ce qui m'a flatté principalement, c'est que l'Académie des Belles-Lettres de l'Institut a arrêté que son bureau demanderait, en son nom, au gouvernement qu'il fît imprimer à ses frais tous mes travaux sur les écritures égyptiennes. C'est un témoignage

précieux d'estime de la part du corps; auquel comme tu le
conçois bien j'ai été infiniment sensible. J'attends la décision
de M. de Corbières pour les frais des gravures. Le Roi a déjà
décidé que mes trois mémoires seraient imprimés gratis à
l'Imprimerie Royale. Tout le monde me répète qu'une des pre-
mières places vacantes à l'Académie sera pour moi. Je commence à croire de bonne foi que cela pourrait bien être. Les
obstacles et les préventions que j'avais à combattre viennent
enfin d'être applanis par le grand coup que j'ai frappé !

En effet, le but était atteint ! Le 21 avril suivant,
le duc d'Orléans, présidant, pour le roi, la séance
générale de la *Société Asiatique*, et entouré de toutes
les sommités scientifiques, Sacy, Rémusat, Hum-
boldt, Dacier, Stanislas Julien, prenait solennellement au nom de la France possession de la grande
découverte.

La brillante découverte de l'alphabet hiéroglyphique est
honorable non seulement pour le savant qui l'a faite, mais pour
la nation ! Elle doit s'enorgueillir qu'un Français ait commencé
à pénétrer ces mystères que les anciens ne dévoilaient qu'à
quelques adeptes bien éprouvés, et à déchiffrer ces emblèmes
dont tous les peuples modernes désespéraient de découvrir la
signification !

L'Académie des Inscriptions tarda trop à s'adjoindre Champollion. Il apprécia spirituellement son fauteuil « comme un buveur délicat goûte une « bouteille de champagne éventée depuis six « mois! »

Les représentants du pays se montrèrent plus justes. Après la mort du jeune savant, M. Etienne prononça ces paroles à la tribune des Députés :

Sa patrie a presque reçu à la fois ses précieuses découvertes et son dernier soupir. Il a consumé sa vie dans de pénibles et longs travaux. Montrez-vous les véritables interprètes de la reconnaissance nationale.

Et le baron Thénard, à la tribune des Pairs :

Sa découverte est si importante qu'elle le place au premier rang. Champollion est une de nos gloires nationales : acquittons une dette nationale.

Le Parlement tout entier fut de cet avis et le 24 avril 1833 le roi sanctionnait la loi suivante :

Article I. — Il est ouvert un crédit extraordinaire de cinquante mille francs destinés à acquérir pour le compte de l'Etat les manuscrits, dessins et livres annotés par feu Champollion jeune.

ART. II. — Il est accordé à Mme Rose Blanc, sa veuve, une pension de trois mille francs.

Contresigné : GUIZOT.

III

CHAMPOLLION POÈTE

Bien éloigné de la vérité serait le moderne qui regarderait Champollion comme un absorbé, comme un renfrogné, comme un savant en *us*. Cet égypto-logue avait une âme gracieuse et riante, une âme de poète, un tempérament plein de charme.

L'âme du savant n'est pas une âme sèche et froide. Il a écrit lors d'une épreuve :

L'amour et l'amitié remplissent mon âme tout entière : sans eux je serais bien à plaindre !

Et il compare poétiquement les deux sentiments :

L'amour a des ailes : l'amitié n'en a point, elle reste. L'amour a presque toujours un bandeau : l'amitié a des yeux de lynx, elle veille au bonheur de l'aimé.

Il écrit encore à son fidèle, Augustin Thévenet :

Le découragement est sur le point de me gagner. C'est alors que j'appelle à mon secours toute ma philosophie. Mais, pour

mon malheur, elle ne peut rien sur l'âme. Il faut être calme
pour écouter ses inspirations. Je conçois qu'elle adoucit les
maux ordinaires de la vie, qu'elle préserve des *peines de
convention* qui naissent des préjugés sociaux, mais, si le cœur
souffre véritablement, la philosophie se tait parce qu'elle sent
alors son impuissance, que reste-t-il à l'infortuné? Les consolations de l'amitié; je les attends de toi; je te raconte mes
peines et je me sens un peu soulagé. Aime-moi, comme par
le passé, et plus encore s'il se peut, parce que j'en ai bien
besoin : je t'embrasse de cœur!

La tendresse du cœur se concilie chez l'égyptologue avec un enjouement, une simplicité, une grâce
rieuse qui attache, séduit, et amuse :

Mon ouvrage grossit; il devient plus ventru, à mesure que
je maigris davantage.....

La fièvre à la mode c'est la *plaçomanie*, la rage des places.
Il y a de furieux accès de cette fièvre. Pour monter, il faut
ramper; c'est la maxime du temps!.....

Je ne suis qu'un pauvre diable qui reçoit beaucoup de compliments sur son savoir et ses belles découvertes, mais pas un
seul petit traitement pour ses menus plaisirs.....

Tout en Égypte respire le souvenir de l'expédition française. Sur les ruines de l'antique Alexandrie, un aveugle arabe
m'a crié fort intelligiblement : « La charité, citoyen! Je n'ai
pas déjeûné! ».....

Je fais un grand signe de croix en action de grâces à mon bon génie quand je développe un attrayant papyrus.....

Je demandai à un nubien qui m'offrait de l'eau-de-vie de dattes s'il connaissait le nom du *sultan* qui a construit le vieux temple de Deïr? Il me répondit que d'après les vieillards du pays l'édifice date de trois cent mille ans, mais qu'on est incertain de savoir s'il est l'œuvre des anglais, des russes, ou des français.....

J'ai donné une fête à mes jeunes gens le surlendemain de notre arrivée au Caire. Je fis venir six almées ou *filles savantes* (et très savantes), qui dansèrent et chantèrent de six heures du soir à deux heures du matin... le tout en tout bien et tout honneur.....

A Akhmin, l'après-midi et la nuit se passèrent en fête, bal, tours de force et concert, chez l'un des commandants de la haute Egypte, Mohamed-Aga, brave homme, bon vivant, et bon convive, ne respirant que la joie et les plaisirs. L'air de *Malborough* que nos jeunes gens lui chantèrent en chœur le fit pâmer de plaisir, et ses musiciens eurent aussitôt l'ordre de l'apprendre.....

Les sots de tous les siècles ont eu ici de nombreux représentants; égyptiens, grecs, romains, coptes, européens, ont cru s'illustrer en griffonnant leurs noms sur les peintures et en défigurant les bas-reliefs. Mais à Béni-Hassen j'ai trouvé écrite au charbon et presque effacée une inscription bien simple qui m'a ému « *1800, 3e régiment de dragons.* » J'ai repassé pieusement ces traits à l'encre noire, avec un pinceau...

Je te ferai le détail des charmes et des beautés occultes de plusieurs belles momies de marquises égyptiennes dont j'ai examiné déjà la charmante carcasse.....

A mon retour je te ferai voir le portrait de la reine *Atari*, fort jolie femme, quoique négresse.....

Mon escadre (sur le Nil) est composée de six superbes barques à trois lits et d'un vaisseau amiral à quatre lits, armé d'une pièce de canon. Ma caravane de vingt-huit bouches, sans compter celle du canon, risque de mourir de faim au fond de cette triste Nubie.....

Je donne ce soir à nos jeunes gens une fête mangeante dans une des plus jolies salles du tombeau d'Ousireï, pour la naissance de Mlle Zoraïde ma fille. Je ménage une surprise à notre jeunesse, un morceau de jeune crocodile à la sauce piquante...

On peut aussi dire que la poésie la plus colorée coule à pleins bords dans ses enthousiastes descriptions des sites et des monuments, admirés en Italie ou en Egypte. Il est vrai qu'il boude le Vésuve :

Je lui en veux un peu de n'avoir point célébré notre venue par une petite illumination. Il est d'une tranquillité bête !

Mais quel lyrisme, à Terni, à Pœstum, et sur mer !

J'ai vu la cascade della Marmora : c'est le plus magnifique tableau que l'œil humain puisse contempler !.....

Il est impossible de communiquer la profonde impression qu'on éprouve à la vue de l'antique Possidonia (Pœstum), de ces trois temples grecs isolés au milieu des pâtres, des bandits et des troupeaux de buffles. C'est du vieux style tout pur, c'est-à-dire du grandiose et du vrai beau ! A une certaine distance et surtout lorsque ces monuments se détachaient en jaune doré sur le bel azur du ciel et de la mer, je crus voir des temples égyptiens ! J'étais déjà amoureux du vieux style : c'est maintenant ma passion déclarée ! On n'entend d'autre bruit dans cette enceinte que le cri des corbeaux ou des buffles ; les uns voltigent dans ces forêts de chapiteaux ou se perchent sur les corniches ; les autres reposent à l'ombre des robustes colonnes du péristile : Je n'oublierai jamais un tel tableau !.....

Un orage violent éclata ; notre vaisseau volait aussi rapide qu'une flèche au milieu des flots rugissants comme des bêtes féroces ! C'était un spectacle aussi beau qu'effrayant !.....

En Egypte plus encore la poésie des grands spectacles enflamme Champollion. Ce n'est pas qu'il s'étudie à tout voir en beau :

Je me suis bien gardé dans mes dessins d'oublier les reines soit égyptiennes, soit grecques : il y en a de toutes les couleurs, blanches, brunes, noires, jaunes, voir même des *châtaignes ;* les unes jolies, les autres laides, comme il a plu au grand Ammon de les octroyer en temps et lieu.

Il ne s'aveugle pas davantage sur l'Egypte moderne :

Sachant que les anciens représentaient cette contrée par une vache, Méhémet-Ali la trait et l'épuise du soir au matin, en attendant qu'il l'éventre; ce qui ne tardera pas. L'Egypte fait horreur et pitié; je dois le dire malgré le beau sabre monté en or dont le Pacha m'a fait présent, comme une marque de sa haute satifaction.

Mais sauf ces réserves, le voyageur vibre d'admiration et la poésie de son sujet l'enlève, le passionne : c'est le délire sacré du barde en toute sa fougue et sa flamme. Ses descriptions sont de véritables chants imagés et fleuris.

A Bathn-el-Bakarah, la vue est magnifique : la largeur du Nil est étonnante : à l'occident, les pyramides s'élèvent au milieu des palmiers. Une multitude de barques et de bâtiments se croisent dans tous les sens. A l'Orient le village très pittoresque de Schoraféh dans la direction de Héliopolis. Le fond du tableau est occupé par le mont Mokatham que couronne la citadelle du Caire et dont la base est cachée par la forêt de minarets de cette grande capitale.....

Nous arrivâmes enfin à Dendérah. Il faisait un clair de lune magnifique et nous n'étions qu'à une heure de chemin des temples. Pouvions-nous résister à la tentation? Je n'essaierai pas de décrire l'impression que nous fit le grand propylon et surtout le portique du grand temple! On peut bien le mesurer; mais en donner une idée, c'est impossible! C'est la grâce et la majesté réunies au plus haut degré! Nous y restâmes des

heures en extase courant les grandes salles avec notre pauvre
falot!.....

A Karnac apparaît toute la magnificence pharaonique, toute
ce que les hommes ont imaginé et exécuté de plus grand. Tout
ce que j'avais vu, tout ce que j'avais admiré avec enthousiasme
me parut misérable en comparaison de ces conceptions gigan-
tesques! Je me garderai bien de vouloir rien décrire. Car de
deux choses l'une : ou mes expressions ne rendraient que la
millième partie de ce qu'on doit dire en parlant de tels objets :
ou bien, si j'en traçais une faible exquisse, même fort décolo-
rée, on me prendrait pour un enthousiaste, tranchons le mot,
pour un fou! Nous ne sommes en Europe que des Lilliputiens;
aucun peuple ancien n'a conçu l'art de l'architecture sur une
échelle aussi sublime, aussi large, et aussi grandiose, que les
vieux égyptiens. Ils concevaient en hommes de cent pieds de
haut; et nous avons tout au plus cinq pieds huit pouces!
L'imagination, qui, en Europe, s'élance bien au-dessus de nos
portiques, s'arrête ici et tombe impuissante au pied des cent
quarante colonnes de la salle hypostile de Karnac!.....

Thèbes, c'est ce que la main de l'homme a fait de plus
grand et de plus merveilleux. Tous les superlatifs du monde
ne sont que bagasse quand il s'agit de parler de cette aînée
des villes royales. J'y courais comme un fou au milieu des
colosses, des obélisques, et des colonnades qui passent ce que
l'imagination peut concevoir de plus grandiose. C'est un
monde de monuments; ou plutôt c'est Thèbes, et c'est tout
dire! C'est le plus grand mot qui existe dans aucune langue!...

Notre soirée a été égayée par un superbe écho découvert
par hazard en face de Dandour. Il répète fort distinctement
et d'une voix sonore jusqu'à onze syllabes. Nos compagnons

6

italiens se plaisaient à lui faire redire des vers du Tasse tout entiers, entremêlés de coups de fusil que l'écho nous rendait en coups de canon et en éclats de tonnerre.....

Les brisants du Nil me rappellent le bruissement de nos torrents des Alpes.....

Toutes les descriptions ne sauraient donner une idée d'Alexandrie. C'est une véritable apparition des antipodes et l'on se trouve tout à coup dans un monde nouveau. Des couloirs étroits et bordés d'échoppes, encombrés d'hommes de toute couleur, de chiens couchés, et de chamaux attachés en chapelets; des cris rauques mêlés à la voix glapissante des femmes et d'enfants à demi-nus; une poussière étouffante; et, par-ci par-là quelque seigneur magnifiquement habillé et maniant un superbe cheval; voilà ce qu'on nomme une rue d'Alexandrie.....

La place de l'Ezbékieh, au Caire, pour la fête du Prophète, est couverte de monde entourant les baladins, les danseuses, les chanteurs et de très belles tentes sous lesquelles on pratique des actes de dévotion. Ici, des musulmans assis lisent en cadence des chapitres du Coran; là trois cents dévots rangés en lignes parallèles et mouvant le haut de leur corps en avant et en arrière comme des poupées à charnières, chantent en chœur : *Il n'y a pas d'autre dieu que Dieu!* Plus loin quatre cents énergumènes debout, rangés circulairement et se sentant les coudes, sautent en cadence en lançant du fond de leur poitrine épuisée le nom d'Allah mille fois répété, mais d'un ton si sourd, si caverneux, que je n'ai entendu de ma vie un chœur plus infernal, cet effroyable bourdonnement sem-

blait sortir des profondeurs du tartare, nous en fûmes réelle-
ment terrifiés. A côté de ces religieuses folies circulent, les
musiciens et les filles de joie. Des jeux de bague, des escar-
polettes de tout genre sont en pleine activité, ce mélange de
jeux profanes et de pratiques religieuses joint à l'étrangeté des
figures et à l'extrême variété des costumes forme un spectacle
infiniment curieux et que je n'oublierai jamais.

Encore une vraie poésie dans cette expansion
qu'exprime le savant devant certains fragments de
papyrus égyptiens.

Décrire les sensations que j'ai éprouvées en étudiant les
lambeaux de ce grand cadavre d'histoire est chose impossible!
L'imagination la plus froide en serait ébranlée! Comment se
défendre d'un peu d'émotion en remuant cette antique poussière des siècles! Je philosophais à outrance. Aucun chapitre
d'Aristote ou de Platon n'est aussi éloquent que ce morceau
de papyrus. J'ai vu rouler dans ma main des noms d'années
dont l'histoire avait totalement perdu le souvenir, des noms
de dieux qui n'ont plus d'autels depuis quinze siècles; et j'ai
recueilli, respirant à peine, craignant de le réduire en poudre,
le petit morceau de papyrus, dernier et unique refuge de la
mémoire d'un roi qui, de son vivant, se trouvait peut-être à
l'étroit dans l'immense palais de Karnac! Dans ces restes si
fragiles et si mutilés d'un monde qui n'est plus, j'ai vu, comme
dans celui d'aujourd'hui que du sublime au ridicule il n'y a
qu'un pas; que le temps réduit au même niveau et entraîne
sans distinction ce qu'il y a de plus grand et de plus petit, de

plus grave et de plus futile, de plus triste et de plus gai. A côté d'un fragment soit d'acte du règne de Ramsès le Grand, soit d'un rituel contenant les louanges de Ramsès Miamoun ou de tout autre grand pasteur des peuples, j'ai trouvé un débris de caricature Égyptienne représentant *un chat qui garde des canards*, la houlette à la main, ou un cynocéphale *qui joue de la double flûte*. Près des nom et prénom du belliqueux Mœris, *un rat armé en guerre* et décochant des flèches contre un combattant de sa force, ou bien *un chat montant sur un char de bataille*. Ici, un morceau de rituel funéraire, sur le dos duquel l'intérêt humain avait écrit un contrat de vente; et là, des débris de peinture, d'une obscénité monstrueuse!.....

L'égyptologue est donc souvent un poète en prose dans ses descriptions. Mais si le mot de poésie ne doit s'appliquer qu'à des œuvres versifiées, Champollion peut aussi réclamer sa petite place sur le Parnasse.

Ce n'est pas sans surprise que parmi ses lettres, adressées à son frère, parmi ces monuments qui attestent un si profond savoir, une attention si tenace aux matières les plus ardues, on trouve les productions toutes différentes d'un esprit enjoué, on rencontre des facéties et des vers!

Entre une question de grammaire arabe et une
discussion sur les papyrus égyptiens, entre une
reproduction de caractères hébreux et un dessin de
cartouches pharaoniques, s'intercale parfois une
œuvre poétique, épître ou comédie, écrite sans pré-
tention, gaiement, simplement, pour l'amusement
de la famille et des amis.

Il semble même que l'auteur ait eu conscience de
quelques défaillances prosodiques; il s'en est tant
bien que mal justifié en ces termes :

Mon imagination fougueuse ne peut s'astreindre à une symé-
trie qui semble froide, mes vers comme ma tête sont pleins
de mouvements, bons ou mauvais. Les disparates sont de
l'essence de la poésie.

Peut-être serait-il donc excessif de vanter le
mérite littéraire de ces morceaux faciles : du moins
empruntent-ils une saveur marquée au nom de leur
savant auteur et à ses occupations ordinaires.

La curiosité publique, en nos temps, s'attache
volontiers aux peintures d'une cantatrice, à la
musique d'un sculpteur; l'opinion se montre béné-

vole pour ces œuvres inattendues, qui bénéficient de la surprise et rencontrent l'indulgence.

Il en pourra être ainsi pour ces légers produits de l'esprit le plus solide et le plus puissant, pour ces vers français d'un savant égyptologue. Ceux que l'on va lire n'accroîtront assurément pas sa gloire; ils susciteront quelque intérêt, uniquement à cause du grand homme qui s'en est diverti.

Les premiers en date sont envoyés du collége; l'auteur a treize ans :

Je t'envoie la copie du discours du vieil Horace qui défend son fils devant le peuple. C'était une version de Tite-Live qu'on nous avait donnée. Comme il y avait de grandes idées j'ai tâché de le mettre en vers et je l'ai mis sur une copie. Qu'en penses-tu?

Discours du vieil Horace

Tite-Live, Narration IV. Art. IV.

Peuple, le verras-tu, ce héros triomphant,
Le verras-tu souffrir un supplice infamant?
A peine les Albins pourraient, d'un œil tranquille,
Voir dans ce triste état le fléau de leur ville!
Viens enchaîner mon fils! Viens, approche, Licteur!
Viens courber sous le joug notre libérateur!

Celui qui nous acquit une nation nouvelle
Sera victime, hélas, d'une loi trop cruelle!
Bourreaux, allez voiler son front victorieux!
Si mon fils doit périr, que ce soit en ces lieux!
Qu'il teigne de son sang ces glorieux trophées,
Ces armes au combat par lui-même enlevées!
Si, loin de cette enceinte, il trouve le trépas,
Sur la tombe de ceux que t'immola son bras,
Rome, reçois son sang! Oui, reçois cette vie
Qu'il exposa toujours pour servir sa patrie!
Nos neveux rougiront d'être appelés Romains!
Ils rougiront du sang que vont verser vos mains!
Sa mort ne peut flétrir les lauriers de sa gloire :
Pour nous sera la honte, et pour lui la victoire!

La naïve pièce suivante est encore œuvre de
lycéen :

Conaxa
Conte

Un commerçant, au déclin de son âge,
Voyait depuis longtemps fructifier ses fonds;
Et ses vaisseaux bravant l'orage
Couvraient des mers les abîmes profonds :
Ils venaient à bon port. Riche dans peu d'années,
Il vit l'or et l'argent s'amonceler chez lui,
Et tout lui présageait d'heureuses destinées.
Du probe Conaxa la jeunesse avait fui :
Déjà la vieillesse craintive
Lui faisait redouter les caprices des flots,

Sa démarche lente et tardive
L'avertissait de songer au repos :
Le seul espoir de sa vieillesse
Consistait dans ses deux enfants
De qui les soins et la tendresse
Lui faisaient oublier les outrages des ans.
« Vous êtes, ô mes fils, au printemps de votre âge,
« Leur dit-il, mes vieux jours
« M'ôtent la force et le courage
« De suivre mes travaux, d'en reprendre le cours.
« Je vais vous céder ma fortune
« Puissiez-vous, ô mes enfants,
« De cette faveur peu commune
« Être envers moi reconnaissants.
« Imitez votre vieux père
« Soyez toujours laborieux,
« Et que tout dans vos mains prospère!
« C'est le plus ardent de mes vœux! »

Bientôt il tint ses promesses :
A ses deux fils tout est livré....
A l'instant cessent les caresses,
Le vieillard est abandonné!
On le fuit, on le délaisse,
Il est seul avec son ennui.
Plus de fils, plus de tendresse.
Avec son or, tout s'est évanoui!

Tout lui reprochait sa sottise,
Et tout la lui faisait sentir.
Cette tranquillité qu'il s'était tant promise,
Elle fait place au repentir!

Un ami lui restait, et ce malheureux père
Lui dépeignant son affreuse misère,
Court dans son sein épancher sa douleur.
    Il pleure, il crie, il se désole;
    Son fidèle ami le console,
Et lui promet une ombre de bonheur.

    « Il nous faut employer la feinte.
    « Ecoute : voici mon dessein,
    « Lui dit l'ami, pour mettre fin
« A ces douleurs dont son âme est atteinte.
« Quelqu'un viendra t'apporter de ma part
    « Une somme considérable.
    « Aussitôt après son départ
    « Etale l'argent sur la table
« Et fais que tes deux fils puissent l'apercevoir :
« Et tu verras bientôt changer leur train de vie.
    « Dans peu de temps tu vas les voir
    « Se conduire à ta fantaisie. »

Ainsi parle l'ami; le vieillard rassuré
Conserve cependant un peu d'humeur chagrine.
    Ses fils arrivent et l'on dîne.
Par un homme inconnu le repas est troublé :
Le père reçoit l'or, l'envoyé se retire.
« Ecoutez, mes enfants, ce que je vais vous dire :
« Vous êtes étonnés de me voir tout cet or;
« En vous donnant mon bien j'ai fait une imprudence,
    « Mais cet argent me reste encore,
    « Et ce sera la récompense,
    « Lorsque la mort m'enlèvera,
« De celui de vous deux qui le méritera. »

Il dit, et feint de renfermer la somme.
      Dévoré de la soif du gain,
      Chaque fils se promettait bien
      D'avoir le trésor du bonhomme.

Conaxa voit déjà ses désirs prévenus.
      Caresses, devoirs assidus,
      Il n'est rien qu'on n'eût voulu lui faire
      Pour réjouir et charmer le bon père.
      Zélés, soumis, respectueux,
      Ses fils rivalisaient tous deux.
C'était le plus content des vieillards de ce monde,
Tant leur hypocrisie était noire et profonde !
      Enfin, la mort vient l'enlever
      Aux soins de leur feinte tendresse.
      Le père étant mort sans tester,
      Loin de montrer de la tristesse,
Les fils, au coffre-fort coururent promptement,
      (Car ce fut là leur première pensée !)
      Mais quel est leur étonnement,
Quand au lieu de trouver la somme désirée,
      Et de voir l'immense trésor
      Que leur avait promis la mort,
      Ils ne trouvent qu'une massue,
Plus une inscription en ces termes conçue ;
Cette arme est pour punir les pères imprudents,
      Pour les guérir de la sottise
D'abandonner leur bien à leurs enfants.
      Ah ! Victime de ma tendresse !
      Si je l'ai fait, d'affreux malheurs

Et des chagrins et des douleurs
Ont assiégé ma trop longue vieillesse !

Un peu plus tard, à dix-sept ans, Champollion, quittant Grenoble pour étudier à Paris, compose, le 1ᵉʳ janvier 1807, cette fraternelle et reconnaissante prière que je cite avec empressement parce qu'elle dément les sentiments irréligieux qu'une école attribue gratuitement au grand égyptologue :

Maître de l'univers, toi mon Dieu, toi mon père,
D'un œil compatissant, si tu vis ma misère,
Si tu jetas sur moi des regards de bonté,
Ecoute, entends ma voix! Que je sois exaucé.
Un frère, tu le sais, dès ma plus tendre enfance
Acquit des droits sacrés à ma reconnaissance,
De la vertu m'apprit à suivre le chemin,
Des vices de mon cœur arracha le levain.
Le faux éclat de l'or, la richesse trompeuse
Ne pourraient lui fournir une carrière heureuse.
Ces biens empoisonnés causeraient son malheur,
Et loin de l'assurer, détruiraient son bonheur.
Des craintes, des chagrins, il deviendrait la proie.
Mon père, tu le peux, mets le comble à ma joie,
Fais-le vivre content dans la tranquillité.
Que ses jours soient filés par la prospérité.
Fais qu'un heureux amour verse sur lui ses charmes,
Qu'il quitte pour lui seul le venin de ses armes,

Que l'hymen sous des fleurs cache ses fers pesants,
Qu'il voye ses vertus revivre en ses enfants.
Arrête le ciseau de la Parque cruelle !
Qu'elle file longtemps une trame si belle !
Oh ! fais que mes succès justifient son espoir,
Que je sois vertueux, et qu'il puisse le voir !
Fais qu'à mon tour enfin lui prouvant ma tendresse,
Je puisse par mes soins soulager sa vieillesse !

Le 1ᵉʳ janvier de l'année suivante, 1808, nouveaux vers de Champollion, adressés cette fois à son frère et à la nouvelle épouse de celui-ci, Zoé Berriat :

Apologue Arabo-Persan

Le chantre de la nuit, le tendre rossignol,
  Ignorait l'amour et ses charmes.
Vers un bosquet un jour il dirigea son vol,
  Content, tranquille, exempt d'alarmes,
  Il allait chercher sa fraîcheur,
  Lorsqu'une jeune et belle fleur
Se présente à ses yeux. Il la voit, il soupire
  Et de l'amour il reconnaît l'empire.

Il n'abandonne plus ce bocage charmant.
  Aussitôt, de plaire il s'empresse,
Jours et nuits le sensible amant
  Chantait l'objet de sa tendresse,

Heureux de se voir, de s'aimer,
Ce doux bonheur filait leur vie.
Mais l'hiver vient; il faut quitter
Pour toujours sa brillante amie!

Le vent destructeur de l'automne
Déjà fait frémir le bosquet,
La verdure qui le couronne
Se flétrit, tombe, et disparaît
L'hiver approche, et les nuages
Déjà noircissent l'horizon,
Les fleurs voient jaunir leurs feuillages.
Tout ressent les effets de la triste saison!

Il vit s'évanouir la fraîcheur de la belle
Et son tendre incarnat et son parfum divin.
Que devint-il alors? O fortune cruelle!
Hélas, ainsi le veut le sévère destin.
Contant sa peine à toute la nature,
Le rossignol déplore son malheur
Et court au fond des bois dépouillés de verdure
Cacher son amère douleur.

Le rossignol est ton image.
Et celle qui fait ton bonheur,
L'aimable reine du bocage
C'est la maîtresse de ton cœur!

Comme ces deux amants, dont j'ai chanté les peines
Votre amour fait votre félicité.
Loin de Paris, loin de ses pompes vaines,
Vous voyez fuir le temps avec sérénité.

De cette rose que j'ai peinte,
Ma chère sœur vous différez;
Car rien ne peut porter atteinte
Au bonheur dont vous jouissez.

Loin que de sa pesante main
Le froid hiver vous décolore,
Nous voyons, près de votre sein,
Qu'un jeune bouton veut éclore!

Oui le ciel nous l'accordera :
Je joins mes prières aux vôtres;
Et je crois même qu'il sera
Accompagné de plusieurs autres.

Et lorsque reviendra l'agréable printemps,
Quand le zéphir aux fleurs donnera la naissance,
O mon frère, cet heureux temps
Verra doubler ton existence!

Vous qui joignez au flambeau des amours
Celui d'une aimable sagesse,
Dans la joie et dans l'allégresse
Tendres époux coulez vos jours.

Et toi dont l'univers nous retrace l'image,
Toi qui les créas pour s'aimer
Si leur bonheur est ton ouvrage,
O Dieu, daigne l'éterniser.

Et quant à celui de ma vie,
Je l'abandonne à leur tendre amitié.
Etre longtemps témoins de leur félicité
Est mon unique et seule envie!

Déjà, lorsque son frère s'était marié, Champollion, avait composé ces deux couplets :

Enfin de Minerve et Cypris
En ce jour cessent les querelles;
Par leur accord sont réunis
Les ris, les sages, et les belles,
Chantons, célébrons ce beau jour
Pour nous si digne de mémoire,
Il voit aux roses de l'amour
S'unir les lauriers de la gloire.

Chacun a ses penchants, ses goûts,
Mais je crois que dans cette vie,
Le plus sage d'entre nous tous
Est le sage qui se marie.
Le sage dont l'austérité
Souvent nous effraie et nous blesse,
Pour plaire, doit à la beauté
Faire hommage de sa sagesse!

Même inexpérience prosodique, dans ses odes de vacances :

Plaisirs de la Campagne

Dans une aimable solitude,
Éloigné de ces ennuyeux
Qui viennent troubler votre étude
Par des discours fastidieux,

Je coule des jours pleins de charmes,
Mes plaisirs sont délicieux,
D'Apollon j'emprunte les armes;
Et quand, sur ces monts sourcilleux
Les frimas ont fixé ma vue,
Pénétré de l'immensité
Je sens que mon âme est émue,
J'adore la divinité.

Armé d'un hameçon perfide
Ou d'un plomb rapide et léger
Je trompe le poisson avide,
Ou j'atteins l'habitant de l'air.
Dans un bois frais et tranquille
Je me plais souvent à rêver,
Loin du tumulte de la ville;
J'aime toujours à l'oublier!

. . . .

Le fracas des cités pour plusieurs a des charmes;
D'autres aiment les camps, toujours remplis d'alarmes.
Un autre chérira du Dieu Mars les travaux.
Le sage vient ici voir les riants coteaux.
Les campagnes en fleurs sont mes seules délices;
Et je fais au Dieu Pan de fréquents sacrifices.
Les nymphes des ruisseaux et les nymphes des bois
Par cent bienfaits divers justifieront mon choix.
Quand le midi brûlant dessèche la prairie,
Sans craindre Syrius ni toute sa furie,
Sous un ombrage frais, Homère dans les mains,
Je lis les faits guerriers des Grecs et des Troyens.
Ou bien, lorsqu'à mes pieds un clair ruisseau murmure
Buffon ouvre à mes yeux le sein de la nature!

Voici des vers datés de la campagne romaine :

A Mme LA COMTESSE DE BRADY

Devant la fontaine Egérie

Dans l'âge d'or de l'Italie,
Un roi comme il n'en fut jamais,
Pour le seul bien de la patrie,
Faisait la guerre ou bien la paix,
Une naïade fort jolie
Le conseillait, dit-on, tout bas.....
Pourquoi tous les rois n'ont-ils pas,
Comme lui, leur nymphe Egérie?

Les madrigaux sont fréquents sous la plume du grand savant.

A Mme B...

On ne vous connaît qu'un défaut;
C'est d'arriver trop tard et de partir trop tôt!

A Mlle B... *(Hébé)*

Pour quelque temps encor vous nous êtes rendue,
A votre aspect, Hébé, tout connaît le bonheur,
Nos barbons rajeunis ont retrouvé leur cœur,
Que tous nos étourdis perdent à votre vue!

7

A Mᵐᵉ ADÈLE ***

Pour le jour anniversaire de sa naissance.

Heureuse l'aurore
Qui de vos beaux ans
Vit la fleur éclore
Et parer les champs.

Après vingt printemps
On vous voit, Adèle,
Jeune, aimable et belle,
D'un époux fidèle
Charmer les instants.
L'esprit et les grâces
Comptent sur vos traces
Des succès constants.

Mais l'amour jaloux
Doit dit-on défendre
Aux cœurs de se rendre
En foule chez vous.

Amour n'y voit goutte.
Lorsqu'il y verra
Il s'apercevra
Malgré qu'il en coûte,
Que fêter ce jour
C'est fêter l'amour.
Il se calmera,
Il applaudira
Et répétera :

Heureuse l'aurore
Qui de vos beaux ans
Vit la fleur éclore
Et parer nos champs!

*Protestation du même auteur
contre ses vers précédents.*

Souffrez du moins que je proteste
Contre la satire et l'auteur.
Il a menti : moi, j'en atteste
Mon innocence et ma candeur.
Je soutiendrai toujours, quoi qu'on dise et qu'on fasse,
Que vos perfections dépassent son audace.
Ne lui souhaitez pas cependant trop de mal,
(Je suis parfois un peu sensible) :
Il vous reproche un mauvais cœur :
Pardonnez lui, s'il est possible,
Et le pardon sera son brevet de menteur!

Une pièce, intitulée *Le Matin*, est dédiée par
Champollion à Mlle Rosine Blanc, qui devint plus
tard sa femme; c'est l'une de ses poésies les plus
correctes.

De nouveaux feux l'Orient se colore;
Déjà Phœbé penche vers son déclin,
Et dans les airs la renaissante aurore
A répandu la fraîcheur du matin

Devant le char du Dieu de la lumière,
Vers l'Occident les ténèbres ont fui.
Le doux sommeil a quitté ma paupière
Le triste réveil me rend mon ennui.

Ah! de Morphée éprouvant la puissance,
Mon triste cœur goûtait quelque repos,
Il oubliait les peines de l'absence,
Et sa douleur cédait aux doux pavots.
L'illusion m'enlevant à moi-même
Portait le calme à mes sens agités.
Songes flatteurs qui m'offrez ce que j'aime
Au jour naissant hélas vous me quittez!

Au sein des nuits votre aimable imposture
Me rend du moins une ombre de bonheur,
Mais le soleil ranimant la nature
Vient dissiper ce prestige enchanteur.
Je voudrais fuir la lumière importune;
Lent et pensif je parcours nos bosquets
Je reconnais alors mon infortune :
Avec le jour renaissent mes regrets.

Oui, du matin je vois briller l'étoile
Et son aspect chasse l'obscurité,
Pourquoi la nuit en repliant son voile
A l'univers rend-elle la clarté?
Hélas, en proie au chagrin qui me presse,
Sans ma Rosine il faut passer ce jour!
Vous redoublez mon amère tristesse,
Lieux où naquit le plus ardent amour!

Soyez témoin qu'amant tendre et fidèle
Son souvenir occupe seul mon cœur
Et que l'espoir de me rapprocher d'elle
Seul adoucit ma constante douleur.
Hâte, ô soleil, ta carrière brillante !
Fais que bientôt ils arrivent ces jours
Où je dois être auprès de mon amante !
Astre éternel, suspends alors ton cours !

Mais si Champollion épanchait en vers ses sentiments, selon les occasions, c'est surtout la muse héroï-comique, la muse rieuse de la parodie qui amusa ses loisirs.

On ne transcrira ici, — à titre de spécimen — qu'une de ses facéties, assez nombreuses, quelque peu grand'mères des œuvres folles qui ont diverti la jeunesse de notre génération : *Orphée aux enfers* ou la *Belle Hélène*.

C'est très probablement cette œuvre littéraire que Champollion se permit un jour de soumettre au vieil académicien Andrieu ; elle lui attira de ce critique bougon l'amusante réponse que voici :

Je refuse de lire les manuscrits de tragédies et de comédies... Ah, Monsieur, combien il s'en fait !... Quelle perte de temps !...

Natio comœda est!... Enfin, l'estime que votre nom et vos travaux m'inspirent, le désir de faire quelque chose qui vc..s soit agréable, me font passer par dessus les désagréments, et je pourrais dire les dégoûts auxquels ces sortes de complaisances m'ont cent fois exposé. Je lirai donc votre manuscrit avec impartialité, *sine irà nec studio;* et, puisque vous le voulez je vous en dirai mon avis, sous la condition, s'il vous plaît, que vous ne me demanderez pas une seconde fois de perdre mon temps à une lecture, qui, je le sais par expérience ne sert presque jamais à rien...

BAJAZET

Pièce jouée à Grenoble, le mardi-gras 1814

Personnages :

BAJAZET, frère du Sultan Amurat, (prince des plus beaux, des plus parfaits et des plus amoureux).

ROXANE, Sultane favorite du Sultan Amurat, (grosse mère, dont la figure rubiconde et sentimentale a un pied de largeur, et la taille trois mètres de circonférence).

ATALIDE, fille du sang ottoman, (jeune princesse ornée de de grâces, de malice et d'entêtement).

ACOMAT, visir, (occupé en toute occasion à conserver sa tête sur ses épaules).

GARDES.

(La scène est à Constantinople).

ACTE PREMIER

SCÈNE I

ROXANE (seule)

Oublions, s'il se peut, les soins de notre empire ;
Pour égayer le temps, amusons-nous à lire ;
Depuis que les combats retiennent mon époux
La lecture remplit mes moments les plus doux.
Ah ! loin de son mari l'épouse solitaire
Peut bien innocemment, chercher à se distraire !
Mon terrible Sultan, le superbe Amurat,
A pris depuis un mois le chemin de Bagdad ;
Il va comme un pétard, fondre sur Babylone ;
Il veut venger l'affront qu'on fait à sa couronne.
Prophète Mahomet ! qui fais ce que tu veux !
Seconde mon époux, remplis ces nobles vœux !
Et que frais et gaillard, aux rives du Bosphore
Il vienne retrouver l'épouse qui l'adore !
. . . .
Mais je ne comprends pas la plupart des maris
Malgré nos petis soins, nos séduisants soucis
Nos coups d'œil assassins, enfin malgré nos charmes
Au mépris de nos cris, de nos pleurs, de nos larmes,
De nos crispations, de nos tendres soupirs,
On les voit du ménage oubliant les plaisirs,
A l'ardeur des combats abandonnant leurs âmes
Pour aller s'échiner quitter leurs tendres femmes...
Cela ne se fait point ainsi dans les romans :
On n'y trouve partout que fidèles amants,

Que maris pleins de feu sous les glaces de l'âge,
Amoureux de leur femme après le mariage.
Auprès de leur moitié s'endormant tous les jours,
Et sans les faire taire, écoutant leurs discours.
Ah! que c'est beau! voilà comme tous devraient être;
Mais à notre destin puisqu'il faut se soumettre,
Oublions un instant la triste vérité!
Que la fable succède à la réalité.
Je ne puis sans bailler étudier l'histoire;
Sur le meurtre et le sang on y fonde la gloire :
On s'y tue, on s'écrase, on se bat... Fi! l'horreur!...
Un roman au contraire, est plus selon mon cœur;
Fardant la vérité l'auteur par son adresse
En me trompant, me plaît, me charme et m'intéresse
J'abhorre un grave écrit..... Vive la fiction!
Jamais femme n'aima la méditation.
Trop souvent la raison nous fatigue et nous blesse,
L'ennui naquit un jour d'un excès de sagesse.
Je veux pour m'amuser achever ce récit,
C'est là que j'en étais... Voyons donc ce que fit
Conduit par le destin, guidé par Mélusine
L'amoureux et le beau prince de Cochinchine.

(Elle lit).

« Déjà le prince Titi ne voyait plus le balcon de son adorable
« princesse, il tira son mouchoir de sa poche, leva les yeux
« au ciel, soupira profondément et se moucha de la meilleure
« grâce du monde, bientôt il perdit de vue les hautes tours de
« la fameuse Londres; il suivait tristement à pied le chemin
« qui mène directement à Trébizonde; c'est là qu'il devait
« être assez heureux pour rencontrer l'effrayable géant Fie-

« rabras possesseur du serpent sans queue, des cerises sans
« noyaux et des pommes sans pépins, objets rares et précieux
« qui seuls pouvaient lui faire obtenir la main de l'infante
« d'Angleterre; car l'aimable Titi n'avait pas lui-même d'autre
« avantage sur ses rivaux que d'être le plus noble, le plus
« riche, le plus puissant, le plus beau et le mieux fait de tous
« les princes de la terre qui se disputaient la main de la fille
« du Sultan de la Grande-Bretagne; cela ne suffisait point, il
« fallait encore posséder les trésors inestimables que le géant
« Fierabras avait traîtreusement enlevés au roi Arthus.....

   Pour prouver son amour, qu'il est beau qu'un amant
   Affronte sans péril, la gueule d'un géant !

« ..... Le beau prince Titi suivait donc, comme nous avons
« eu l'honneur de le dire, le chemin de Trébizonde, il était
« seul..... non il n'était pas seul; la princesse Mimi lui avait
« donné un chien Danois; le plus beau chien Danois de toute
« l'Asie; il s'appelait *Constant* emblême ingénieux, touchant
« et sentimental de la fidélité que le prince Titi avait promise
« à la princesse Mimi et que la princesse Mimi avait promise
« au prince Titi.....

   Ah! que c'est donc touchant! quelle délicatesse!
   Comme il devait aimer son chien et sa maîtresse.

« ..... Le prince Titi et le chien Constant cheminaient
« ensemble; l'un la tête courbée, l'autre les oreilles basses;
« l'un les mains dans ses goussets, l'autre la queue entre les
« jambes, car quoique ce chien ne fût qu'une bête, il devinait
« cependant que son maître, ce maître qu'il aimait de tout son
« cœur, était bien loin d'être satisfait et content, car il était

« triste comme un bonnet de nuit quand on n'a pas envie de
« dormir.....

Que cette pauvre bête avait donc de l'esprit !
Oh ! que j'aurais eu peur que quelqu'un ne la prît !
Trop aimable animal comme il savait connaître
La cause du chagrin qui chagrinait son maître.

« ..... A peine avaient-ils fait un demi-quart de lieue sur la
« grande route, que tout à coup un énorme et gros serpent, un
« dragon aussi gros qu'un gros éléphant de la plus grosse
« taille, sortir de dessous une pierre où il s'était caché et
« avala en un clin d'œil et comme un grain de sel le chien
« Constant, compagnon du prince Titi. Celui-ci fut au déses-
« poir.....

O ciel ! quel coup affreux ! quel malheur accablant !
Pauvre prince Titi ! trop malheureux amant !
Tu perds, trois fois hélas ! cet animal fidèle !...
Pour la triste Mimi quelle triste nouvelle !...
Ah ! si mon cher époux, cet époux si constant,
Si l'aimable Amurat, m'avait fait en partant
Cadeau d'un jeune chien qui fut sur ce rivage
De la fidélité la douce et tendre image,
Un petit épagneul, un carlin, un barbet,
Un joli chien canard, fut-ce même un roquet,
Me rappelant sans cesse un époux trop aimable
Comme il partagerait et ma couche et ma table !
Et si dans mon boudoir paraissait à l'instant
Un énorme dragon, gros comme un éléphant,
S'il voulait m'arracher le chien que j'idolâtre,
Contre cet éléphant j'essaierais de me battre ;

S'il était le plus fort, et que ce monstre affreux
Le croquât, il faudrait qu'il nous croquât tous deux ! !

« ..... Ce serpent était l'enchanteur Kara Lacaramoussa,
« amoureux de la princesse Mimi et ennemi du prince Titi ; il
« avait pris cette forme pour... »

Ah ! vilain enchanteur !... Quel bruit se fait entendre !
Quel mortel sans mon ordre, en ces lieux veut se rendre.
Ah ! c'est le grand visir !..... Acomat, est-ce toi ?

———

SCÈNE II

ROXANE, ACOMAT

ROXANE

Que tu viens à propos pour calmer mon effroi !
Ne suis-je pas bien pâle ?... Ah ! parle, réponds-moi.

ACOMAT

Hélas !

ROXANE

Le pauvre chien ! que j'aime cette histoire !
Tu ne me croiras point...

ACOMAT

Hélas ! que faut-il croire ?

ROXANE

J'avouerai que j'éprouve un plaisir sans second
A lire cet écrit instructif et profond.

Son auteur mélangeant l'art avec la nature
Vous offre de nos cœurs une vive peinture.
Dans les moindres détails, quelle précision !
Comme il sait nous tenir dans l'indécision !
Comme il sait embrouiller dans chaque circonstance,
La nature, l'amour, le plaisir, la constance,
Les désirs, la terreur, les soupirs, les appas...

ACOMAT

Madame, pour le coup, je ne vous comprends pas...

ROXANE

Ah ! ne t'étonne point si tu ne peux m'entendre,
C'est du sublime, ami, c'est là qu'il faut l'apprendre !
Moi-même (et je le dis sous le sceau du secret),
Je n'ai pas du roman bien saisi le sujet
Car je n'en suis encor qu'au treizième volume.
Quel fécond écrivain ! Quelle fertile plume !
Je te le prêterai...

ACOMAT

       Sultane en vérité
C'est pour votre désir avoir trop de bonté...
Hélas ! hélas ! hélas !

ROXANE

       Tombez-vous en faiblesse
Grand visir, qu'avez-vous ?

ACOMAT

       O coup dont la rudesse
Me perce l'estomac, le cœur et le cerveau !!
Ah ! quel crêpe il faudra coudre à votre chapeau !

ROXANE

Attends donc... que dis-tu? Visir prends la parole.

ACOMAT

Ce que je vous dirai ne sera pas très drôle.

ROXANE

Je suis prête, allons donc!

ACOMAT

Madame, votre époux.....

ROXANE

Eh bien!

ACOMAT

Votre mari...

ROXANE

Visir! finirez-vous?

ACOMAT

Le sultan...

ROXANE

Le sultan! que veux-tu donc me dire?

ACOMAT

Amurat...

ROXANE

Amurat!... Mahomet quel martyre!

ACOMAT

Le grand Turc...

ROXANE

Pour le coup cela devient trop fort...
Parle ou sinon...

ACOMAT

Eh bien! le grand sultan est mort.

ROXANE

Ah! cruel! je te vais faire couper la langue!

ACOMAT (se jetant à ses pieds)

Voilà donc quel sera le fruit de ma harangue...

ROXANE

Barbare! tu n'as donc ni boyaux ni pitié!
Eh quoi! sans ménager une tendre moitié,
Ne la préparant pas à cette triste épreuve
Oses-tu sans façon lui dire qu'elle est veuve,
Est-ce ainsi qu'on se joue avec les sentiments!
Je vois bien que jamais tu n'as lu de romans!

ACOMAT

Vous m'avez ordonné d'être bref...

ROXANE

Quelle audace!

ACOMAT

Je lirai des romans...

ROXANE

Eh bien! je te fais grâce,
Relève-toi, visir, puisque j'ai pardonné,

Conte-moi longuement le coup infortuné
Qui ravit sans retour un bon maître à l'empire,
A Roxane... un époux... parle avant que j'expire.
Et visir sur le tout tâche de m'attendrir.
Ou bien devant tes yeux, tu vas me voir mourir.
La sensibilité me gonfle et m'assassine
Il faut l'évacuer... le sentiment me mine
Je perds mon embompoint... parle donc.

ACOMAT

A l'instant
Où notre magnanime et sublime sultan
Quitta les murs sacrés du palais de Bizance,
Et que vers Babylone allant en diligence
Pour la dernière fois il vous fit ses adieux;
Des larmes et des pleurs s'échappaient de vos yeux,
Malgré le mauvais temps vous prétendiez le suivre,
Vous voulutes mourir, il vous força de vivre,
Oh! que vous aviez chaud dans ce fatal moment!

ROXANE

Ah oui! c'était l'effet d'un noir pressentiment!
Il me faisait suer!

ACOMAT

Je le pensais, Madame.
Hélas! ce n'était point l'erreur d'une belle âme!
Ce noir pressentiment était le précurseur
D'un crime du destin qui l'égale en noirceur.
Ecoutez en détail cette triste aventure :
Le sultan Amurat était dans sa voiture,

Il marchait en avant, sa garde le suivait.
Comme l'air était chaud, Sa Majesté buvait,
Non du vin, (vous savez que notre loi divine
En a très sagement purgé notre cuisine,
Elle en a craint pour nous les dangereux fumets),
Mais de cet innocent et savoureux sorbet,
De sucre, de piment, de canelle, d'orange,
De citron et de musc, rafraîchissant mélange.
Tant pour tromper l'ennui d'un voyage si long
Que pour se procurer un sommeil plus profond,
Il lisait un roman triste et mélancolique.

ROXANE

Ah! quelle sympathie!

ACOMAT

Un gaz soporifique
S'échappe du volume à mesure qu'il lit;
Le sultan le pompait; son œil s'appesantit,
Il bâille malgré lui, puis se palpe et s'étire;
Il bâille encore plus fort, tousse, crache, soupire,
Et se jette en ronflant dans les bras du sommeil;
Le roman à ses pieds attendit son réveil.
Tout à coup la voix du sultan se fait entendre;
Les grands auprès de lui s'empressent de se rendre,
Il beuglait comme un veau; les ennuques surpris
Écoutent en tremblant ses redoutables cris...

ROXANE

Ah! mon Dieu! qu'est-ce donc qu'avait le pauvre sire?

ACOMAT

Un gros torticoli!

ROXANE

Visir ! vous voulez rire !

ACOMAT

Un gros torticoli, madame.

ROXANE

Rien que çà !

ACOMAT

Ah ! c'était bien assez puisqu'il en trépassa !.....

ROXANE

Ouf !.....

ACOMAT

Pour le secourir en cette conjoncture,
On tire le Sultan du fond de sa voiture
C'est en vain ! Car sa tête avant la fin du jour
Déjà vers son épaule a fait un demi-tour.....
Rien n'arrête du mal l'extrême violence,
Le menton a grands pas vers la nuque s'avance,
Et les yeux éblouis par ce tour imprévu
Apercevaient alors ce qu'ils n'ont jamais vu ;
Il a le cou tordu, c'est une affaire faite !
Voilà ce que m'apprend, la dernière estafette.
Cependant il me reste une lueur d'espoir ;
Pour en être plus sûr, moi-même je veux voir.....
Je pars sans plus tarder, tâchez d'être tranquille
Madame.

ROXANE

Ah ! tu prendrais une peine inutile ;

8

Hélas je ne puis plus douter de mon malheur....
Il est mort, c'est très sûr.....

ACOMAT

Qui vous l'a dit?

ROXANE

Mon cœur
Et mille pronostics; les cris d'une chouette,
Un couteau mis en croix dessus une fourchette;
Mon Amurat s'est mis en route un vendredi;
Au milieu du festin un laquais étourdi
Sur la nappe avant hier a versé la salière,
Dans la rue un gros chien pendant la nuit dernière
Pour troubler mon sommeil poussait des cris affreux,
Le pain mis à l'envers!.....

ACOMAT

Cela n'est plus douteux,
Le grand Turc est flambé

ROXANE

Le bonheur m'abandonne!
Acomat désormais je ne veux voir personne,
Soit juif, soit musulman, idolâtre ou payen.....
Mais, visir, dites moi, le deuil m'ira-t-il bien?

ACOMAT

Qui pourrait en douter?.....

ROXANE

Puisque me voilà veuve
Je veux de ma douleur te donner une preuve;

La terre, l'univers en seront étonnés.
Oui tant que dureront mes jours infortunés
Je fais le sacrifice.....

ACOMAT

Eh! lequel donc, Madame?

ROXANE

Le plus grand de tous ceux que peut faire une femme
C'est de ne plus parler.

ACOMAT

Laissez donc, quel fagot!

ROXANE

Oui, de par Mahomet! je ne dis plus un mot

ACOMAT

Qui croirait qu'une Turque eût le cœur aussi tendre!.....
J'espère cependant que vous voudrez m'entendre!
(Roxane fait signe que non).
A quoi vous mèneront ces projets superflus?.....

ROXANE

Avez-vous oublié que je ne parle plus?

ACOMAT

On ne peut que louer cet excès de tendresse,
Quel effort, juste ciel!..... que de délicatesse!.....
Pour l'univers entier quel spectacle touchant!.....
Ah! comme cela doit réjouir le Sultan!.....
De la cime des cieux, sans doute il vous contemple,

Car vous donnez au sexe un furieux exemple!
Et qu'il sera content de voir *(car c'est très beau!)*
Votre langue avec lui tomber dans le tombeau.....
Comme un coup de canon votre tendresse éclate
Amurat ne peut plus bouger ni pied ni patte,
Et puisque pour toujours notre sultan est frit
Pourquoi ne plus parler! Vous avez de l'esprit.....
Sultane! vous avez la langue bien pendue,
Le public croira-t-il que vous l'avez perdue?.....
Rompez, au nom du ciel! ce silence accablant;
Quiconque ne dit rien passe pour ignorant;
Et puisque vous voulez en faire à votre tête,
Tous les gens du bel air, vous croiront une bête.
C'est très dur, mais fort dur!... Vous n'avez plus d'Epoux,
Madame, en vous taisant le rattraperez vous!..,..
Amurat vous a-t-il ordonné de vous taire!.....
Hélas le pauvre Turc! *tant s'en faut qu'au contraire!*
Pour payer votre amour, vos soins, votre vertu,
Il vous donne son bien.

ROXANE

Que ne le disais-tu!

ACOMAT

Voici son testament fait pardevant notaire;
Sultane, vous verrez que la chose est très claire,
Hem! écoutez-moi bien.
          (Il lit).
          « Au nom de Mahomet!
« L'an mil quatre cent soixante et dix-sept
« Le treize Ramazan au lever de l'aurore,

« *Moi notaire juré du canton de Bosphore*
« *Michaël Haraiktan double meim, soussigné*
« *Par Sultan Amurat, nommément désigné,*
« *D'ailleurs connu de tous par ma grande sagesse,*
« *J'écris le testament de sa dite hautesse;*
« *J'affirme que j'ai vu, couché sur son sopha,*
« *Le susdit grand Sultan, fils à feu Moustapha,*
« *Lequel indisposé de douleurs corporelles*
« *Etait, ce néanmoins, très sain de sa cervelle,*
« *Comme de ses cinq sens, mémoire, entendement,*
« *Lequel m'a fait alors l'exprès commandement*
« *De m'asseoir sans tarder pardevant une table*
« *Pour écrire; lequel d'un ton fort lamentable*
« *M'a de suite dicté le présent testament;*
« *Dont voici la teneur noncupatoirement :*
« **Puisqu'il me faut mourir, je vais cesser de vivre.**
« **Ceux qui ne meurent point doivent donc me survivre,**
« **Il est donc bien certain qu'il faut avant ma mort,**
« **Assurer à chacun un convenable sort.**
« **Aussi de mon plein gré, je lègue à la sultane**
« **Mon écrin, mes bijoux; et mes eaux de senteur,**
« **Mes joyaux, mes bonbons, mon bonnet d'empereur,**
« **Mon palais des soupirs avec ses dépendances,**
« **Je lui donne le sac qui contient mon magot,**
« **L'argent aussi s'entend.....**

ROXANE

Ça y est-il?

ACOMAT

Mot pour mot!

(Il continue à lire).

« Je donne au grand visir, à cet ami fidèle
« Ma fourchette d'argent, mon couteau, mon écuelle
  (Il tire son mouchoir et s'essuie les yeux).
« De plus mon gobelet, à sa fille une dot
« De cent mille sequins.... (A Roxane).

ROXANE

Ça y est-il?

ACOMAT

Mot pour mot !

(Poursuivant sa lecture).

« Je veux aussi régler le destin de l'empire,
« Voici ce que j'ordonne et ce que je désire :
« Pour mon fils Ibrahim, ce n'est qu'un animal
« Il ne montera point au trône impérial;
« Peu m'importe, après tout, qu'il jure, qu'il se fâche;
« Je l'exclus à bon droit, car c'est une ganache;
« Ses droits reviennent donc à son frère cadet ;
« J'élis pour successeur le jeune Bajazet
« Quoique prince du sang il a la tête bonne;
« Qu'il soit élu grand turc, je le veux et l'ordonne !
« Qu'on procède de suite à son couronnement
« Pour qu'il puisse pleurer à mon enterrement.
« Amurat.

    « Ainsi fait dans la ville de Brousse.
« Ont signé les témoins, Passivan, Barberousse,
« Chef des ennuques noirs, Mamamouchi pacha,
« Mahomet Bridoison. — Tambourini Bacha
« En foi de quoi je mets mon nom et mon paraphe
« Doublemain. »

ROXANE

Cher époux! quelle belle épitaphe
Je veux faire poser devant ton monument!
Grand visir, donnez-moi ce divin testament
(Elle lit).
Grâce au ciel! c'est très vrai que je suis légataire!
(Elle relit).
Bajazet empereur!... Visir, il faut vous taire,
Je viens de concevoir un étrange projet...
Ne parlez point encore à l'heureux Bajazet.
Courez chez Atalide, il faut sans plus attendre
Qu'elle se rende ici. Comme elle a le cœur tendre
Elle partagera mon amère douleur.
Contez-lui toutefois la mort de l'empereur,
Rien de plus, allez donc.

ACOMAT

J'y cours.

———

SCÈNE III

ROXANE (seule)

Eh bien! Roxane
Vas-tu dans ce moment perdre la Tramontane?
Pour la seconde fois il faut te couronner,
Sinon on pourrait bien t'envoyer promener...
Choisis!... ô Mahomet! que faut il que je fasse!
Saurais-je sans maigrir supporter ma disgrâce?
Nou, je ne me sens pas les rognons assez forts,
Mais je puis, si le Ciel seconde mes efforts,

Remplacer en ce jour l'époux que je regrette
Et voir le diadème assuré sur ma tête ;
Il ne faut pour cela qu'épouser Bajazet...
Mon enfant, réfléchis, ce serait bientôt fait !
C'est un joli garçon, puis il sera le maître.
Allons, que la douleur sorte par la fenêtre,
Vite, vite, la joie, oublions nos chagrins,
Remercions le ciel de nos heureux destins.
J'épouse Bajazet..... aimais-je tant son frère ?...
Mon Dieu non !... car c'était un mauvais caractère,
Un vrai fesse-mathieu, hargneux, triste, grondeur,
Un petit libertin, et de plus un boudeur.
Bajazet au contraire, a la jambe bien faite,
Surtout je lui connais plus de cœur que de tête,
Je pourrais le mener, il aime les romans.
Oh ! comme nous allons passer d'heureux moments !
Je l'épouse, c'est sûr, très sûr, et tout de suite.
Il doit bientôt venir me faire une visite,
Crac, je le lui propose... Et s'il allait biaiser !...
Et si ce Nicodème osait s'y refuser !...
Un moment, mon bijou, je saurai t'y contraindre,
Si tu ne veux m'aimer, je puis me faire craindre.
Quel bonheur... en mes mains je tiens le testament,
De ma félicité ce sera l'instrument.
Au prince Bajazet il assure l'Empire ;
S'il ne fait à l'instant tout ce que je désire,
Je le brûle à sa barbe !

SCÈNE IV

ATALIDE, ROXANE

ATALIDE

Ah! sultane, est-ce vous...
Est-il vrai que le ciel vous ravit votre époux?...
Ah! racontez-moi donc cette triste aventure,
Le sultan est-il cuit?... en êtes-vous bien sûre?
Le visir Acomat n'aurait-il point craqué?

ROXANE

Je sens par ce malheur mon esprit détraqué...
Hélas! il est trop vrai, ma chère, je suis veuve :

ATALIDE

Le Ciel vous réservait une bien rude épreuve;
Je ne puis que mêler mes larmes à vos pleurs,
Atalide saura partager vos douleurs.
Mon cœur est délicat comme une sensitive,
Ma sensibilité, vive, prompte, expansive,
S'échappe par mes yeux en toute occasion,
Et je perds à l'instant la respiration.
L'aspect de l'infortune et m'accable et me touche;
Je ne puis sans pleurer voir souffrir une mouche :
Même (vous me croirez ou ne me croirez point),
Mon extrême pitié se montre en si haut point,
Que si sur mon sopha lorsque je vais m'étendre,
Une puce flairant ma peau mollette et tendre
De son dard assassin me pique et me poursuit,
J'endure sans pâlir le tourment qui me cuit;

Et quoique la douleur soit poignante et fort vive,
Je sais me dire, il faut que tout le monde vive!
Ah! que n'éprouve point un cœur comme le mien!...
Des animaux je suis le plus ferme soutien;
J'ai toujours eu pour eux un faible irrésistible;
Cela prouve pourtant que j'ai l'âme sensible.
Le malheur a des droits à ma compassion,
Que ne ferais-je pas dans cette occasion?
Hélas! pour adoucir votre amère souffrance,
Je me mettrais en quatre, en cette circonstance,
Mon cœur saigne, Madame, en voyant vos douleurs;
Votre teint se flétrit, vous perdez vos couleurs;
Il faut se chagriner, mais sans perdre courage.....
A quoi pensez vous donc?

ROXANE

Je pense au mariage.....

ATALIDE

Quoi! madame, sitôt!.....

ROXANE

Voyez donc! pourquoi pas!.....

ATALIDE

L'hymen a donc pour vous de terribles appas?
Moi, je crois que ce dieu nous attrappe et nous leurre
Qu'il nous donne toujours plus de pain que de beurre.....
Donc puisque votre époux vous est escamoté,
Jouissez en repos de votre liberté
Au lieu de rechercher un nouvel esclavage

ROXANE

Ah! tu ne connais pas les rigueurs du veuvage!.....

ATALIDE

Mais madame.....

ROXANE

Je sais tout ce qu'on en dira.....
Quelque soit le bavard il s'en repentira,
Et si la calomnie ou m'attaque ou me touche
Par quelque bon firman je lui ferme la bouche.
Il me faut un mari.

ATALIDE

Quel est l'heureux mortel
Que vous avez dessein de traîner à l'autel?

ROXANE

Devine

ATALIDE

Est-ce Ibrahim!

ROXANE

Fi donc, c'est une bête!

ATALIDE

Le visir Acomat.

ROXANE

As-tu perdu la tête?.....
Vais-je unir mes destins avec ceux d'un sujet!

ATALIDE

Et qui sera-ce donc, madame?

ROXANE

Bajazet...

ATALIDE

Grand Dieu du ciel...

ROXANE

D'où vient que ce nom t'émerveille?

ATALIDE

Madame, il est bien jeune.

ROXANE

Et moi suis-je si vieille?
(Avec dépit). Mais voyez donc un peu...

ATALIDE

Sultane, pardonnez..
Ce n'est point ma pensée et vous vous méprenez...
Je dis que Bajazet est étourdi,... volage,...
Qu'il n'appréciera point le charmant avantage...
Le bonheur sans pareil de vous appartenir...
L'homme est un être enfin qu'on ne peut définir.
Madame, que sait-on!...

ROXANE

Il a des yeux, ma bonne,
Et Roxane n'est pas si mal de sa personne...
Bajazet l'aimera.

ATALIDE

Madame, je le crois...
Et ne puis, après tout, qu'approuver votre choix.

ROXANE

Ecoute, je te veux faire une confidence.
Ma tendresse pour toi date de ton enfance,
Tu passes au sérail pour un joli sujet,
Et ma vive amitié m'inspire un bon projet.
Tu connais mes desseins, si le ciel les couronne
Je veux te marier... Ah! vous riez friponne!...
La petite rusée!... en honneur c'est charmant!
Un bon petit mari...

ATALIDE

Madame en ce moment,
Un mari quelqu'il soit n'offre rien qui me touche.

ROXANE

Quoi! vous voulez trancher de la petite bouche!...
Mais vous faites l'enfant!...

ATALIDE

Je ne veux point d'époux.
(Elle se jette aux pieds de Roxane).

ROXANE

Eh bien! n'en parlons plus, mon fifi, levez-vous!
A coup sûr, mon projet n'est pas de vous contraindre,
Je veux me faire aimer et non me faire craindre.
(Elle la met sur ses genoux).
Asseyez-vous ici... là, bien, mon petit chou,

Ah! je ne croyais pas vous faire de *boubou*,
Pauvre rat, j'ai pour vous une tendresse extrême;
Il faut faire plaisir à celle qui vous aime,
N'est-il pas vrai, mon cœur? Aussi dès ce moment,
Vous ferez mon éloge à mon futur amant,
Dites-lui que je suis une bonne personne;
Que je vaux un royaume, un sceptre, une couronne;
Que j'ai l'âme fort tendre, il faut lui dire encor
Que par mes qualités je vaux mon pesant d'or;
Enfin à tous propos entonner ma louange :
Vous le ferez... pas vrai? C'est bien... adieu, mon ange.
De mes jardins, je vais parcourir les détours
Et penser un moment à mes tendres amours...
Seule je veux rêver à ma nouvelle flamme,
Adieu donc, mon bijou, je m'en vais.

SCÈNE V.

ATALIDE (seule)

> La bonne âme!

Elle veut m'enjoler avec son ton mielleux;
Mais je hais à la mort les discours doucereux,
Je sais ce qu'en vaut l'aune; elle est bonne la gouaille,
Quoi!... devant Bajazet tu prétends donc que j'aille,
Pour te faire adorer, cherchant mille raisons,
Étaler tout l'éclat de tes perfections!!
De tes mâles beautés, lui coiffer la cervelle!...
Sultane de mon cœur, ma douce tourterelle,
Attends toi-zy. D'abord, il faut penser à soi,
Et le beau Bajazet ne sera pas pour toi.

As-tu connu Giraud?... Torche! ma toute belle,
Il n'est pas pour ton nez... Je ne suis pas cruelle,
J'ai le cœur assez tendre, et dès le premier jour,
Où mon cher Bajazet m'avoua son amour,
Je sus l'apostropher par une douce œillade,
Ça le ravigotta, car il était malade.
Je lui donnai mon cœur... Il est constant, discret,
Et malgré les jaloux, il m'adore en secret.
Pour adoucir un peu son douloureux martyre,
Mon amour complaisant lui permet de m'écrire.
En venant dans ce lieu, j'ai reçu ce poulet.
Voyons ce que m'écrit mon petit Bajazet.
(Elle lit).

Bajazet à Atalide.

Lumière de mes yeux! charme de mes prunelles!
O vous que j'aimerai toujours!
O vous mes uniques amours!
Il faut donc obéir à vos rigueurs cruelles?
Si vous ne révoquez vos ordres absolus,
Je me sens *de calibre* à faire une incartade.
Je ne puis vous parler qu'à votre promenade,
Et le reste du jour je ne vous parle plus!...
Je voudrais vous voir à toute heure,
Si vous vous refusez à mon tendre désir,
De douleur il faut que je meure :
Si vous le remplissez, je mourrai de plaisir!

Comme c'est délicat, que d'esprit, que de grâce!
Un amour aussi vif fondrait un cœur de glace...
Comme je l'aime donc ce petit Bajazet!

Et comme il m'aime aussi, si j'en crois son billet :
Lumière de mes yeux : accrochez ma Roxane,
Mes uniques amours! rien que çà ma sultane.
Ah! ah! vous avez beau me guincher de travers,
C'est cependant pour moi qu'on fait ces jolis vers!...
Oui, madame, pour moi!! pour moi, ne vous déplaise;
Maintenant, vous pouvez l'aimer tout à votre aise,
Je m'en bats l'œil! on vient et j'entends quelque bruit,
C'est Roxane, grands dieux! et Bajazet la suit.

SCÈNE VI

ROXANE, BAJAZET

ROXANE

Le fait est très certain!

BAJAZET

Que dites-vous Madame?

ROXANE

Oui, le sultan est mort.

BAJAZET

Dieu veuille avoir son âme!
Quel est son successeur?

ROXANE

Vous, si vous le voulez,
Mais il faut avant tout...

BAJAZET

Quoi, sultane, parlez...
Je ferai tout cela, j'en donne ma parole!

ROXANE

Ah! sans doute, à vos yeux, je vais passer pour folle;
Mais prince, je ne puis dompter mes sentiments,
S'il est avec le ciel des accommodements,
L'amour n'en connais point quand ses ardentes flammes
Comme un torrent de feux, ont calciné nos âmes...
L'amour règne en tyran sur nos sens étonnés;
Il sait, quand il le veut, nous mener par le nez;
Rien ne peut résister à sa toute puissance,
Il dispose de nous...

BAJAZET

Madame, en conscience,
Je ne vous entends pas : torrent, sens étonnés,
Puissance, amour, tyran, âme, nez calcinés...
Qu'ont-ils donc de commun, ces mots, avec l'empire?

ROXANE

Prince, un petit moment, je m'en vais vous le dire.
Un objet s'est ouvert la porte de mon cœur,
Mais il ne connais point les feux de mon ardeur;
Je lui tais mon penchant, et le trait qui me larde,
Mais, hélas! malgré moi, lorsque je le regarde,
Mon œil, languissamment, décèle mon amour...
Je tremble, je pâlis, et rougis tour à tour...
Cependant le cruel, droit comme une statue,
Ecoute le récit du tourment qui me tue...

9

Comme un manche à balais planté pour reverdir,
Mon discours le surprend et semble l'étourdir...
Il m'entend de ses yeux, me voit de ses oreilles,
Mais au lieu de parler, le sot baille aux corneilles;
Il voit mon embarras croissant à son aspect,
J'attends une réponse... il n'ouvre pas le bec!...
Cependant, je l'adore, et le lui dis en face,
Un autre danserait... et lui reste à sa place...
De mon attachement peut-être est-il touché?
Prince m'entendez-vous?
            (Bajazet fait signe que non).
        (Avec impatience, Roxane continue).
                    Que vous êtes bouché!

BAJAZET

Parlez d'une façon moins inintelligible.

ROXANE

Je parlais comme parle un cœur neuf et sensible;
Mais, prince, puisqu'il faut vous parler clairement,
J'use d'un style bref, simple et sans ornement;
Garde à vous! Ecoutez; Bajazet, je vous aime,
Il faudra m'épouser de suite, à l'instant même,
Si vous voulez régner... Vous paraissez surpris!...
Cependant, pensez-y, l'empire est à ce prix.

BAJAZET
    (Toise Roxane et dit avec un geste de dégoût).

Il est trop cher!

ROXANE
Ingrat!!!

BAJAZET

Mais vous parlez pour rire?

ROXANE

Cruel! c'est pour de bon.

BAJAZET

(Après l'avoir toisée de nouveau).

Je renonce à l'empire.

ROXANE

Ah! barbare, ah! perfide!

BAJAZET

Eh! voyez donc un peu.
Elle prend le haut ton, elle se pique au jeu,
Quoi! parce qu'elle m'aime il faut que j'épouse!...
Oh! je ne donne pas comme çà dans la blouse,
Et nous avons un peu de *caboche* après tout.
Mais, de par le prophète! elle est d'assez bon goût,
J'ai bien une encolure à faire une conquête;
Je suis assez joli quand j'ai la barbe faite...
Le molet bien formé, du feu dans le regard...
A tout prendre, je suis un jeune et beau gaillard..
Pas mal... c'est bien choisi... mais on vous en ratisse!
Si je vous épousais, je serais un Jocrisse;
Car enfin de quel droit venez vous à l'instant
De m'offrir et le titre et le rang de sultan?
Seul, mon frère Ibrahim a droit à cette place.
Vous vouliez m'attraper, pas vrai? Je vous en casse!

ROXANE

Eh bien! s'il faut parler avec sincérité
Votre frère Ibrahim sera déshérité;
Le sultan Amurat vous lègue sa couronne
Et sans condition, mon prince, il vous la donne.
Pour que vous ne puissiez en douter nullement,
Je pourrai vous montrer, son propre testament.
(Elle le tire de sa poche). Le voici.....
(Le cachant précipitamment). Disparais!!!

BAJAZET

Que dites-vous, Madame!
Je suis donc grand sultan?.....

ROXANE

Oui, si je suis ta femme.
Ecoute, en m'épousant tu deviens empereur,
Ton hymen avec moi te mène à la grandeur
Mais si tu ne veux point consentir à me prendre,
Tu vois ce testament!... je le réduis en cendre
Et ton frère Ibrahim devient ton souverain.
Si tu veux m'épouser n'attends pas à demain.....

BAJAZET

(Bas à part).   (Haut).
Dissimulons mon fils!..... Eh bien! ma main est prête
Donnez-moi ce papier..... donnez donc.

ROXANE

Pas si bête
Non ce n'est pas ainsi que l'on peut m'abuser.....

BAJAZET

Voulez-vous le donner?

ROXANE
(Bajazet tend la main pour le prendre).

Non, non!!!

BAJAZET

Eh bien! Madame!
J'en jure par le ciel! j'en jure par mon âme!
J'en atteste le grand et sage Mahomet!
Son tombeau de Médine et son divin Baudet!
Je ne veux point de vous!... C'est une affaire faite!...

ROXANE

Prince, gardez-vous bien de faire un coup de tête
Vous y réfléchirez avant la fin du jour
Adieu, mon étourdi!.....

BAJAZET

Salut grosse m'amour!

(Il s'en va en mettant le pouce horizontalement contre son nez et en
remuant en même temps tous les doigts de la main, il fait plusieurs gri-
maces comiques).

———

SCÈNE VII

ROXANE (seule)

Ah! c'est un peu trop fort!... refuser un empire
Cela se concevrait... mais moi c'est bien plus pire!...

Aurais-je par hasard, négligé ce matin
Avec l'eau de Ninon de m'éclaircir le teint?...
      (Elle prend un miroir et se contemple).
Mais non..... ma peau toujours est fraîche et délicate
Elle brille partout d'albâtre et d'écarlate;
Le fard est bien placé..... le blanc l'est encore mieux.....
Aurais-je ce matin moins d'éclat dans les yeux?.....
Ils sont très vifs... les cils son teints d'un noir qui tranche
..... Eh mais! mon râtelier branlerait-il au manche?.....
Il tient très bien d'abord..... en honneur je m'y perds.....
Ah!..... mes deux coussinets sont-ils mis de travers?.....
Mon Dieu non! que serait-ce? en vain je m'évertue
Le prince Bajazet avait donc la berlue!.....
Pour ne pas voir le prix d'un minois si charmant.....
Il n'en est pas touché..... non..... bien joli pourtant.....
Mais quel est ce papier?... (Elle se baisse et ramasse un billet).
          Quelle est cette écriture?
Je ne la connais point..... (Elle lit)..... O fatale lecture!
Le voilà découvert le secret plein d'horreur;
Ce secret si caché qui me bouchait son cœur.....
O traître Bajazet! très traîtresse Atalide!
Amoureux enragés! couple ingrat et perfide!!!

———

SCÈNE VIII

ACOMAT, ROXANE

ROXANE

Accourez grand visir! partagez ma fureur;
Apprenez un secret qui me glace d'horreur.....

Non, tout ce que l'enfer produit de plus féroce
N'est que petite bière auprès du crime atroce
Que je vais vous conter, j'apprends par ce billet
Qu'Atalide accrochant le cœur de Bajazet
Partage avec ardeur sa tendresse coupable.

ACOMAT

Je n'en suis point surpris, Atalide est aimable
Elle a de jolis yeux, des charmes, du caquet,
Se fait aimer de tous comme de Bajazet;
Elle met à parler une grâce touchante,
En tout ce qu'elle fait, Madame, elle est charmante,
Enfin elle me plaît, mais beaucoup quant à moi !.....

ROXANE
(Avec colère et jalousie).

Tais-toi, toi, toi, toi, toi, toi, toi nomémment toi !!!
Apprends que Bajazet a su toucher mon âme
Que je l'adore enfin !.....

ACOMAT

C'est différent, Madame !
Que ne le disiez vous !.....

ROXANE

Sais-tu qu'en le charmant,
Ma rivale me souffle un époux un amant?.....
Que je veux Bajazet..... qu'elle se croit plus belle
Que Roxane.

ACOMAT

Vraiment? Voyez la peronnelle
Comme ça lui va bien !

ROXANE

Ah! n'ai-je pas raison!.....
Ne vaux-je pas mieux qu'elle?

ACOMAT

Eh! sans comparaison!

ROXANE

C'est un morceau friand avec sa face blême!.....

ACOMAT

Il lui sied de montrer sa mine de carême!....

ROXANE

Voyez comme mon teint relève mes appas!

ACOMAT

Madame, vous avez un teint de mardi-gras.

ROXANE

Comme il a de l'esprit!..... mais, visir, ma tournure?.....

ACOMAT

Charmante!..... c'est un vrai chef-d'œuvre de nature.....
Atalide d'abord marche comme un fagot.....

ROXANE

J'ai bien quelque embonpoint

ACOMAT

Madame, rien de trop!
Voulez-vous ressembler à la maigre Atalide.....

ROXANE

Eh! point du tout, mon cher, mais regarde, décide

ACOMAT

Le joli petit pied!..... Sultane, Cendrillon
Ou je me trompe fort devait l'avoir plus long.

ROXANE

Et ma taille, visir!

ACOMAT

Comme elle est élancée!
Finette!.....

ROXANE

Dis-tu vrai?

ACOMAT

Je vous dis ma pensée,
Ma petite parole.....

ROXANE

Ah! c'est bien je te crois;
Tu vois de Bajazet quel doit être le choix
Laquelle de nous deux penses-tu qu'il préfère?.....

ACOMAT

Ce sera vous, Madame!

ROXANE

Eh! mais, oui, je l'espère.....
A propos, ces romans que tu m'avais promis
Où sont-ils?

ACOMAT

Ce matin, on me les a remis,
Je viens de recevoir, Madame, à votre adresse
De ces contes légers une très lourde caisse!

ROXANE

Cher visir, de ce pas je veux les aller voir
Ils pourront me calmer et nourrir mon espoir.

(Acomat lui donne la main pour sortir).

ACTE DEUXIÈME

SCÈNE 1

BAJAZET (seul)

C'est ici, mon garçon, qu'il te faut réfléchir!
Et de ton embarras t'efforcer de sortir.....
Ce n'en serait pas un pour un homme ordinaire;
Qui sait bientôt trouver la fin de son affaire;
Mais je ne puis sitôt brusquer le dénouement,
Les combats dans le cœur, prouvent le sentiment,
Commençons. A l'amour sachons tenir la bride
Au grand galop sans quoi j'irai voir Atalide;
Et contre mes transports, contre ma passion
Laissons un peu parler la noble ambition.....
Voilà donc, d'un côté, les traits de la maîtresse,
De l'autre la bouteille et son heureuse ivresse,
Si je suis le grand turc Dieu sait le joli train
Où du beau Bajazet va rouler le destin;

Les plaisirs à sa voix vont en foule se rendre,
Il n'a qu'à se baisser chaque jour pour en prendre,
Mais mon gosier surtout avec ardeur promet
De faire un fier accroc aux lois de Mahomet.
A tire Larigot, comme un nouveau Grégoire.
Du matin jusqu'au soir je fais serment de boire,
Et du meilleur j'entends..... sans peine on le conçoit.
Voilà ce que mes yeux trouvent du côté droit.....
Mais à gauche, j'entends chanter à ma maîtresse :
Il n'est point de plaisir, de bonheur sans caresse
La meilleure liqueur et le vin le plus fin
Sans le sucre d'amour ne font que chicotin.....
Ah! quels cruels combats! Déplorable misère!.....
Mon cœur et mon gosier en moi se font la guerre,
Et maîtresse et bouteille, et tendresse et bon vin,
Ensemble, tour à tour, se battent dans mon sein :
Dans ce bel embarras, lorsque je m'envisage,
L'âne entre deux boisseaux est ma parfaite image;
Comment donc m'en sortir!..... mettons la main au cœur
Comme il bat!..... ah! bouteille à ton air enchanteur.....

     (Il se tourne à gauche).

..... Mais tes coups redoublés vont crever ma poitrine!...
Tu l'emportes enfin, ô charmante cousine
C'en est fait.

SCÈNE II

BAJAZET, ATALIDE

BAJAZET

Accourez, aimable et doux objet!
Savez-vous aujourd'hui ce que fait Bajazet?

ATALIDE

Quand vous me l'aurez dit, je le saurai peut-être
Faut-il rire ou pleurer, faites le moi connaître

BAJAZET

Madame, écoutez-moi, je vous laisse le choix
Et mon destin encor dépend de votre voix;
A Roxane, Amurat prêt à fuir la lumière
A fait signifier sa volonté dernière.
En place d'Ibrahim je dois être sultan;
Mais Roxane en ses mains garde le testament,
Et pour moi se prenant d'un amour ridicule,
Si je ne brûle pas pour elle, elle le brûle.....
Fidèle à vos appas j'ai voulu refuser,
Elle me donne encor du temps pour y penser.....
Mais comme l'on n'a plus ce qu'on s'est laissé prendre
Mon cœur est tout à vous il ne peut plus se rendre.

ATALIDE

O tendre souvenir de mes tendres secrets!
Etoile de mes vœux! de mes soupirs discrets!
Doux soleil de ma vie! Arc-en-ciel de mon âme
Miroir étincelant qui réfléchis ma flamme!

Qu'à ce trait généreux je connais en ce jour
Dans un parfait amant, le plus parfait amour !
Mais, c'est assez, Seigneur, pour une infortunée
Suivre sa passion contre sa destinée......
Il en coûterait trop pour vouloir m'épargner :
Il faut me *planter là*, mon cousin, pour régner.

BAJAZET

Vous planter là, Madame, ah c'est me faire injure !.....

ATALIDE

Eh ! seigneur, croyez vous ma tendresse assez dure
Pour ne me vouloir pas aussi sacrifier.
Un amour sans tourment, ce serait trop grossier......
Ce n'est pas que le sort d'une triste fortune
Quand vous le partagez ait rien qui m'importune
Ah ! cousin, croyez-moi, si nous étions encor
A ces temps trop heureux de l'ancien âge d'or
Où le lait en ruisseau coulait dans les prairies,
Où les grives tombaient au bec toutes rôties,
Où les champs présentaient des biscuits pour moissons
Où les ondes, tout frits nous donnaient les poissons,
Que j'eusse aimé vous voir près de moi sous un hêtre
Quitter la royauté, pour un repas champêtre,
Soupirant nuit et jour, filer l'amour parfait,
Et vous accompagnant du tendre flageolet
Vous même roucouler quelque douce romance ;
Ou danser avec moi l'aimable contredanse ;
Je te dirais alors : que sert d'être empereur ?
Ah ! n'avons nous pas tout, quand nous avons *un cœur* ?...
Si j'avais seulement la lampe merveilleuse,

Tu verrais de t'aimer ton amante orgueilleuse
Te cachant loin des yeux des profanes humains
Chaque jour te verser l'amour à pleines mains,
Pour un trône quitté, te régalant sans cesse;
Des vins et de l'amour réunissant l'ivresse,
Mes soins sauraient remplir ta bouche de douceur;
Sorbets, glaces, café, sucre, bonbons, liqueurs.....

BAJAZET

Ah! que dis-tu, mon rat, femme aimable et sensible!.....

ATALIDE

Oui mon chat!... mais du sort la rigueur inflexible
Si votre frère vient à *tortiller de l'œil*
Sans qu'à Roxane, hélas! vous fassiez plus d'*accueil*
Votre legs est *flambé!*..... la chose est évidente!.....
Mais croyez-vous qu'encor Roxane mécontente,
Par vous mystifiée en veuille rester là?....
Il lui reste Ibrahim..... elle l'épousera,
Et Dieu sait contre nous ce qu'elle saura faire!
Moi-même sans *le sou*, peut-être à la misère,
D'une vieille il faudra tourniller le chignon
Devenir de princesse, une simple fanchon.....
Les romans bien plutôt nous offrent le contraire;
Le mien ne peut avoir une fin si vulgaire.

BAJAZET

Que vous m'attendrissez!..... mais si je vous suis cher
Tirez-moi s'il vous plaît votre discours au clair
Vous êtes je le sais passablement jalouse
Que deviendriez vous si Roxane m'épouse?

ATALIDE

Je ne demande point ce que je deviendrai...
Je passerai le temps du mieux que je pourrai;
Je deviendrai dans peu morte ou peut-être folle,
Mais si quelque pensée en ceci me console,
C'est de voir qu'adorant mes ordres absolus,
Vous aurez fait, seigneur, ce que j'aurai voulu.

BAJAZET

Qui?... moi... j'épouserais cette grosse figure,
Vrai type de poupard ou de caricature?...

ATALIDE

Pourquoi médire d'elle, ô mon petit cousin!
Il ne se faut jamais moquer de son prochain;
Je sais qu'elle a les yeux, la voix d'une harangère,
Et qu'elle est gracieuse ainsi qu'une mégère;
Qu'elle a l'air dégagé, leste, comme une tour,
Et la taille avec ça faite comme un tambour;
Je sais bien qu'elle prend du tabac comme un suisse,
Que son teint est toujours rouge comme écrevisse...
Au lieu qu'on voit en moi cette aimable pâleur
Qui marque des amours la charmante langueur...
Mais votre cœur par là me rendra mieux les armes...
Quand vous comparerez ses appas et ses charmes...
D'ailleurs le sacrifice en sera bien plus beau,
Faut-il que seule enfin, je souffre dans ma peau!...

BAJAZET

Non, vous ne verrez point cette union cruelle...
Plus vous me commandez de vous être infidèle,

Madame, et plus je vois combien vous méritez
De ne point obtenir ce que vous souhaitez...
Ainsi donc mes serments s'en iraient en fumée!

ATALIDE

Non pas! Je prétends bien toujours seule être aimée,
Et je ne vous dis pas, Seigneur, de me trahir;
Point du tout... il ne faut seulement que mentir.
Amusez-la, cousin, d'un bon petit mensonge,
Tant qu'enfin vous meniez l'ânesse dans la longe.
Dès qu'une bonne fois vous serez empereur
Vous lui direz alors : Madame, serviteur!
Je vous casse et je mets mon Atalide en place...
Quand on ment pour l'amour on trouve toujours grâce,
Faites-la moi tomber vite dans le panneau.

BAJAZET

Je vous entends enfin... non, non, ce n'est pas beau!
Je ne pourrai jamais faire cette bassesse...
J'ai plus de sentiment, plus de délicatesse...
A Roxane je vais le dire de ce pas,
Et je vous quitte...

ATALIDE

   Et moi je ne vous quitte pas.
Jusque dans son boudoir je m'en vais te conduire
Me tuer à ses yeux.

BAJAZET (à part)

   O Ciel! qu'elle me scie!

ATALIDE

Que je suis malheureuse!... O destin trop affreux!

Un amant ne veut pas faire ce que je veux...
Aveugle à mes discours, il est sourd à mes larmes,
Tandis que pour attraits n'ayant que peu de charmes,
Une femme jadis obligea son amant
De rester douze mois sans parler un instant !
Et moi...

BAJAZET

Qu'on me rencontre une seule maîtresse
Qui voulut à ce prix s'acquérir ma tendresse ;
Oui, pour avoir menti, le pauvre Bajazet,
Madame, en son enfance eut trop souvent le fouet.
J'en ai pris trop d'horreur pour toute menterie ;
C'est comme je vous dis une affaire finie.
Adieu !

———

SCÈNE III

ATALIDE (seule)

Que faites-vous ?... conte-moi ton dessein...
Faut-il rire ou pleurer ?... c'est toujours mon refrain...
        (Voyant qu'elle est seule).
Il est parti !... cruel !... quel aimable jeune homme !
Il n'est pas son pareil de Paris jusqu'à Rome !
Qu'il séduit ma raison ! j'ai voulu l'éprouver,
Que d'un noble transport il vient de se sauver !
Que l'innocence en lui paraît sans artifice !
Quelle fidélité !... quelle horreur pour le vice !
De quel enthousiasme il charme mon esprit !
Relisons son billet, cet adorable écrit...

Je ne le trouve pas! oh! que me voilà sotte...
Quoi donc? l'aurais-je pris pour une papillotte?
Mais non, je n'ai pas fait ma toilette aujourd'hui...
Oh! comment de mon sein se serait-il enfui!
Aussi je suis toujours dans un trouble terrible;
A-t-on la tête à soi quand on est si sensible.

(Roxane entre).

SCÈNE IV

ATALIDE, ROXANE

ROXANE

Retirez-vous!

ATALIDE

Madame, excusez l'embarras...

ROXANE

Retirez-vous... non, non, ne vous retirez pas,
Madame, j'ai reçu des lettres de l'armée;
De tout ce qui s'y passe êtes-vous informée?

ATALIDE

On m'a dit que du camp un courrier est venu!
Le reste est un secret qui ne m'est pas connu.

ROXANE

Mais vous devez savoir que le sultan expire,
Que son frère Ibrahim lui succède à l'Empire...

ATALIDE

Je croyais que c'était, Madame, Bajazet...

ROXANE

De quoi vous mêlez-vous. Madame, s'il vous plaît?...

ATALIDE

Enfin, c'est mon cousin, on nous nourrit ensemble,
Je peux bien de son sort m'informer, ce me semble.

ROXANE

Eh! bien j'en aurai soin.

ATALIDE

Je l'avais bien pensé.
Je sais que vous avez le cœur si bien placé!
(A part) La mauvaise guenon!

ROXANE (à part)

Voyez la bonne pièce!...
On dirait que ces mots cachent quelque finesse,
Je te vais attraper!... (haut) Un nouveau testament
Contredit le premier, mais moi décidément
Je trompe d'Amurat la volonté bizarre.

ATALIDE

Sultane, vous montrez un courage bien rare!

ROXANE

Oui, je le brûlerai pour que votre cousin...

ATALIDE (vivement)

Soit empereur! Madame, ah! le noble dessein,
Qu'il est digne en effet d'une âme généreuse!

ROXANE

Je vous trouve, ma mie, aujourd'hui bien parleuse!

ATALIDE

Madame, qui pourrait malgré tous ses efforts,
Voyant ce que je vois, retenir ses transports!...
Qu'en effet Bajazet est bien fait pour un trône!
Qu'il aura bonne grâce avec une couronne!

ROXANE (impatientée)

O langue de serpent!... Quand vous aurez fini!...

ATALIDE

Madame, je me tais.

ROXANE

Mahomet soit béni!

ATALIDE

(A part) Qu'elle a mauvaise grâce.

ROXANE

Eh bien!

ATALIDE

Je vous écoute.
(A part) Quelle voix de *Rogome!* elle a pompé la goutte.
C'est sûr.

ROXANE

Vous sentez bien, après ce que j'ai fait
Que je ne puis avoir laissé là mon projet;
J'aime votre cousin, il m'aime à la folie...

ATALIDE

.Vous déploriez pourtant sa froideur inouïe...

ROXANE

Oui, mais en cet instant, par les plus doux aveux,
Il vient de rendre enfin son cœur à mes beaux yeux.
(A part) Tu la gobes; c'est bon.

ATALIDE

Est-il bien vrai Madame?

ROXANE

Croyez si vous voulez.

ATALIDE

Là..... foi d'honnête femme?

ROXANE

En pouvez-vous douter?

ATALIDE (avec dépit)

Que les hommes sont faux!
Le parjure!... Osez-vous écouter ses propos?
C'est un enfant, Madame, un fade petit maître
Qui fait le joli cœur, ou voudrait le paraître,
Et qui ne peut sentir le moindre sentiment.
C'est un pauvre cousin, mais un plus pauvre amant!

Dans un temps il voulut me conter des fleurettes,
Mais mon cœur délicat l'envoyait aux soubrettes;
Même s'il faut ici vous parler clair et net,
Je crois qu'il a souvent offensé Mahomet,
Car j'ai souvent senti de sa bouche amoureuse,
S'exhaler en hoquets son haleine vineuse!

ROXANE

Tais toi, langue d'aspic! quand tu l'as cru constant,
Dis... tenais-tu sur lui ce langage insultant?...
Vous vous aimez tous deux, j'en ai le témoignage...
Vois ce billet... j'étouffe et suffoque de rage...

(Elle s'évanouit).

ATALIDE

Ciel! nous sommes trahis! ô billet malheureux!
En te perdant, hélas! tu nous perds tous les deux!
Pleure, pleure à présent, malheureuse Atalide!...

(Elle s'évanouit).

ROXANE (regardant du coin de l'œil)

(A part) Sauvons ce bon billet des mains de la perfide,
Il pourra me servir contre mon vil ingrat.

(Elle retombe).

ATALIDE

Je n'en puis plus...

ROXANE

Je meurs...

ATALIDE

Ah! Comme mon cœur bat!

ROXANE (reprenant connaissance).

Quand on se trouve mal, quelle excellente chose
De porter avec soi toujours du sel de rose!

ATALIDE

Par pitié, laissez-moi renifler ce flacon,
Car ce matin du mien j'ai cassé le bouchon.

ROXANE

Tiens... prends... il n'est pas temps qu'ici ta vie expire...

ATALIDE

Parlez si vous voulez, je n'ai rien à vous dire.

ROXANE

Ah! tu restes muette après la trahison!...
Regardez-moi ce teint couleur de sang d'oignon,
Pour m'oser disputer un cœur tendre et novice!...
Te crois-tu le nez fait pour être impératrice?...

ATALIDE

Vous avez beau crier, puisque de mon amant
Le cœur me reste encor, brûlez le testament.
Epousez Ibrahim! bien loin que ça me pique,
Avec mon Bajazet je vous ferai la nique...
Demandez-moi, grands Dieux, où se niche l'amour!
Oui, oui, c'était pour vous que se chauffait le four!
Allez, quoi qu'on ne soit qu'une pauvre princesse.
On redoute fort peu reine de votre espèce...
Oui, oui, je l'aime, il m'aime et nous nous adorons,
Et nous nous chérirons tant que nous le pourrons...

ROXANE

Comment! sur mon sopha me dire des injures,
C'est trop fort!... Eh! bien, oui, vous êtes deux parjures.
Je sais que ton cousin, ton ingrat de cousin;
Malgré tous mes appas veut refuser ma main,
Mais il n'est pas au bout : puisque l'offre d'un trône
Ne peut le faire enfin pencher vers ma personne,
De Roxane au sérail tous adorent la loi,
Je prétends l'épouser malgré lui, malgré toi.

ATALIDE

Oui comptez là dessus! attendez-le sous l'orme !
Avant qu'il ait commis cette sottise énorme,
Il pourra s'écouler bien de l'eau sous le pont!
C'est moi qui vous le dis et qui vous en réponds!
Adieu.

ROXANE

C'est bon, c'est bon, fais-moi bien la grimace
Tu me paieras bientôt un tel excès d'audace!
(Aux gardes).
Qu'on me fasse à l'instant arriver Bajazet...
(A part).
Sur la gorge il lui faut mettre le pistolet.

SCÈNE V

ROXANE, BAJAZET

ROXANE

Je ne vous ferai point de reproches frivoles.
Quoique je ne sois point avare de paroles.
Depuis que le grand Turc est absent, vous savez
Comme je vous nourris et comme vous vivez ;
Vous savez les mets fins qui chargent votre table,
Vous savez que pour vous Roxane favorable
Osa même braver le décret souverain,
Qui pour un gosier Turc a supprimé le vin.
Avec de si doux soins je n'ai pas su vous plaire !
Je n'en murmure point, quoique à ne vous rien taire
Je n'eusse pas besoin de tous ces grands bienfaits :
A des yeux connaisseurs suffisaient mes attraits.
Mais je m'étonne enfin que pour reconnaissance,
Pour prix de tant de soins qui pansaient votre panse,
D'un assez mince objet ici comme un vrai sot
Vous soyez amoureux, et sans m'en dire un mot !

BAJAZET

Qui, moi Madame !

ROXANE

    Oui, toi... Voudrais-tu point encore
Me nier un mépris que tu crois que j'ignore ?
Me pousser quelque bourde en faisant l'innocent ?
Abuser la candeur de mon tendre penchant ?

En me dissimulant d'un silence perfide
Le sot amour qu'a su t'inspirer Atalide?.....

BAJAZET

Atalide..... Madame, ô ciel qui vous a dit.....

ROXANE

Tiens, sais-tu lire au moins ce que ta main écrit?....

BAJAZET

Mais oui, je ne suis pas un âne de nature
Et je sais, s'il vous plaît, lire mon écriture.....
En ce billet, Madame, est ma confession,
Atalide toujours m'aime et de passion,
Et moi je la payais d'un amour mutuelle.
Ce n'est pas que pourtant je la trouve aussi belle
Que vous.....

ROXANE

Me dis-tu vrai?... Si tu savais, mon choux!
Que tu serais heureux en étant mon époux!...
Atalide, crois-moi, n'est qu'une minaudière.
Qui n'aime que sa peau dont on la voit si fière;
Mais elle est maigre et pâle..... Ah! le friand morceau
Pour porter la couronne et le royal manteau!
Toujours sentant la fièvre, et, par-dessus, maussade!
Tu ne serais jamais que son garde malade.
Regarde-moi mon cœur : que ce visage rond
Près de toi sur un trône aura bonne façon!...
Par mille petits soins tu verras que je t'aime;
Chaque soir à souper je te coiffe moi-même;

En batiste, je veux te broder un jabot,
Je te tricoterai des gilets de tricot ;
Cela te touchera bientôt, je le parie,
Tu m'aimeras, mon choux, jusques à la folie.....
Allons, oublions tout, je te vais pardonner,
Avec moi, n'est-ce pas tu consens à régner ?...

BAJAZET

Mais, Madame, Atalide ?...

ROXANE

Encor cette Atalide !...
Parle..... Veux-tu régner mon aimable perfide ?
Une fois ?...

BAJAZET

Non !...

ROXANE

Deux fois ?

BAJAZET

Eh non !

ROXANE

Eh bien : *trois fois?*

BAJAZET

Non !... encore un coup non !!!

ROXANE

Ah ! tu hausses la voix ?
Eh ! bien pour cette fois ce sera la dernière.

Il faut tous de ce pas venir chez le notaire
Signer notre contrat au gré de mon désir,
Puis unir, d'un second, Atalide au visir;
Sinon dès aujourd'hui n'écoutant que ma rage
A l'hôpital des fous je te fais mettre en cage,
Et cela sur le champ, sans forme de procès.

BAJAZET

Je serais bien plus fou si je vous épousais!...
Si vous voulez ce prix de mon obéissance,
C'est trop cher, et je vous tire ma révérence.

ROXANE (furieuse)

Ah! ce n'est pas ainsi que tu pourras sortir.....
Holà gardes, à moi! qu'on vienne le saisir
Et que sans plus tarder on l'entraîne, on le lie
Par ordre du sultan et pour toute sa vie!
A l'hôpital des fous qu'on l'enferme soudain!
Et surtout je défends qu'on lui donne du vin!
(On entraîne Bajazet).

SCÈNE VI

ROXANE ATALIDE

ROXANE

(A part). Mais qui vient me troubler?... C'est vous belle mignone,
Eh bien! Vous me traitiez tantôt à la dragone,
On mène votre amant à l'hôpital des fous.....

ATALIDE

(A part). Ah! ma pauvre Atalide, il te faut filer doux!......
(Haut). Madame, c'est le fait d'une âme trop commune
De vouloir dans le cœur nourrir de la rancune,
Surtout lorsqu'abjurant un discours assez vain
Votre esclave, à vos yeux, *met de l'eau dans son vin.*
Ah! par ces yeux si beaux qui regardent mes larmes,
Ah! par tous vos appas, vos attraits et vos charmes,
Madame, écoutez-moi, pardonnez à l'amour
L'artifice innocent de mon cœur sans détour!
Ne l'excusez vous pas? Vous êtes si sensible!.....
La reine de Doline était-elle inflexible
Quand, malgré son amour pour le prince Titi,
Elle voulut le rendre à la belle Mimi?.....

ROXANE

Ah! sans doute à présent je suis délicieuse,
On a besoin de moi!... belle capricieuse,
Larmoyez, pleurnichez et désespérez vous,
Comme si vous chantiez! Entendez-vous, mon choux!

ATALIDE

O vrai cœur de rocher! barbare Impératrice!
De mon amour, pour toi, je fais le sacrifice :
Epouse mon amant, je le cède à tes vœux!
Que je sois malheureuse et Bajazet heureux!

ROXANE (durement)

Madame il est trop tard.
(Acomat paraît).

SCÈNE VII

ROXANE, ATALIDE, ACOMAT

ROXANE

C'est vous visir?

ACOMAT

Madame,
Vous voyez Acomat l'étonnement dans l'âme...
Hélas! vos beaux projets ont fait naufrage au port,
Mahomet vous en veut : le sultan n'est pas mort!
Il arrive ce soir.

ROXANE

Adieu mon mariage...

ATALIDE

Son mari n'est pas mort, voyez comme elle enrage!

ROXANE (éperdue)

Atalide... visir... je ne sais où j'en suis...
Quel coup de foudre, ô ciel!

ACOMAT

Ah! vos amours sont cuits;
Mais il vous en cuira.

ATALIDE

Bonne petite femme!...
Quand son mari revient qu'elle a de joie en l'âme!

ROXANE

O ma chère Atalide! ô mon cher Acomat,
Donnez-moi vos conseils dans ce funeste état...

ATALIDE

Madame, il est trop tard.

ROXANE

              Tous deux veulent se taire.
Visir, aidez-moi donc.

ACOMAT

           Ma foi que faut-il faire?
Le sultan va savoir que j'ai suivi vos plans.
Je suis dans de beaux draps!

ATALIDE

             Battez-vous bien les flancs
Pour trouver un moyen de vous tirer d'affaire...
Faut-il que je vous donne un conseil salutaire?

ROXANE

Ah! parle, c'est...,

ATALIDE

De faire ainsi que vous voudrez.

ROXANE

O vrai cœur de rocher.

ATALIDE

Chacun son tour; tenez;

Je suis bonne pourtant; écoutez-moi, Roxane;
Si vous voulez rester dans la pourpre ottomane,
Courez, et sans retard, délivrer Bajazet,
Il est bon et d'ailleurs je suis son tendre objet,
Aisément j'obtiendrai que pour vous il s'apaise,
Et qu'à votre sultan sur le tout il se taise.

ROXANE

Ah! vous êtes ici mon ange protecteur,
Oui, je vais accomplir l'ordre de votre cœur.

ATALIDE

Ah! sans doute à présent je suis délicieuse,
On a besoin de moi!... mais courez donc, causeuse!
Vite, dépêchez vous... le temps presse, allez donc!...
(La sultane sort avec Acomat).

SCÈNE VIII

ATALIDE (seule)

Comme je fais marcher cette grosse don-don!
Livrons-nous aux transports de mon âme ravie!
Le beau temps vient, dit-on, toujours après la pluie!
Après avoir si bien essuyé dans ce jour
Les coups de la fortune et les tourments d'amour,
Je touche presque au port! quelle belle aventure!
Mon roman vient de prendre une fière tournure!
Abaissez votre orgueil, princesse Rosina,
Vous Mathilda, Laura, vous, belle Celina!
Que les amants futurs en lisant mon histoire,

Au dessus de vos noms vont mettre ma mémoire!
Ce soir vient Amurat, j'aurai mon Bajazet.

SCÈNE IX

ATALIDE, ACOMAT

ACOMAT

O de pleurs et de cris déplorable sujet!
Ah! vous voilà, c'est vous que je cherchais, princesse...

ATALIDE

Quel est donc le chagrin qui cause ta tristesse,
Visir?

ACOMAT

    Puis-je espérer que sans vous trouver mal
Vous prêterez l'oreille à ce récit fatal?...
Car quand je parle enfin j'aime assez qu'on m'écoute.

ATALIDE

Parle.

ACOMAT

    En sortant d'ici nous avons pris la route
De l'hopital des fous; enfin nous arrivons.
Nous frappons à la porte, on ouvre, nous entrons.
Après mille propos que je ne puis vous dire,
On dit que Bajazet était dans le délire,
Et qu'enfin votre amant soupirant comme un veau,

11

Sur le ventre couché rampait sur le carreau...
Nous le voyons bientôt... Ciel! il était mort ivre!...

ATALIDE

Ah!

ACOMAT

Si vous n'écoutez je ne puis pas poursuivre.

ATALIDE

Je t'entends.

ACOMAT

La sultane avait bien ordonné
Qu'aucun verre de vin ne lui serait donné.
Pour charmer sa douleur, par un trait de génie
Alors il demanda...

ATALIDE

Quoi donc?

ACOMAT

De l'eau-de-vie!

ATALIDE

Ah! quel excès d'amour; quel tendre dévouement!

ACOMAT

La dessus l'on n'avait aucun commandement.
On servit Bajazet... Il lampe, lampe, lampe,
Tant qu'enfin de ses jours il éteignit la lampe!
Madame, je l'ai vu : sa machoire craquait.
Et son âme s'enfuit dans un dernier hoquet!...

ATALIDE

Ah!

ACOMAT

Ce n'est pas fini...

ATALIDE

Que peux-tu dire encore,
Après que j'ai perdu cet objet que j'adore ?

ACOMAT

Après ce coup...,

ATALIDE

Hélas !

ACOMAT

Mais écoutez-moi donc !...
J'aurais bien fait mon vers sans exclamation !
Après ce coup fatal, de la reine enragée,
La tête au même instant s'est aussi dérangée...
Elle court, je la suis, elle échappe à ma main
Et se jette à la mer du haut du pont Euxin !
Vous pouvez à présent faire vos doléances,
Mais moi je sais trop bien plier aux circonstances;
Voyant que tour à tour chacun se tue ici,
Pour vouloir refuser de me tuer aussi;
La mort de votre amant pour moi seul a des charmes,
Et je vais dans le vin submerger mes alarmes...

(Il sort).

SCÈNE X et dernière

ATALIDE (seule)

Me voilà bien lotie!... inexplicable sort!...
Je n'avais qu'un cousin, qu'un amant, il est mort!...
(Sanglotant) Ah! oui... que je suis fraîche! ô pauvre infortunée!..
L'innocence, grands dieux! est ainsi condamnée!
Où trouver des mouchoirs pour essuyer mes pleurs?...
Montagnes, fendez-vous aux cris de mes douleurs!...
L'amour est dans la vie, hélas! une autre vie :
Quand je n'ai plus d'amant la mienne est donc finie!
N-i ni, c'est fini... vous pouvez m'enterrer,
Je suis morte et le jour cesse de m'éclairer!..

———

Je rapprocherai ici de ces spécimens plus ou moins poétiques une fantaisie drôlatique en prose, qui date d'un voyage scientifique à Turin, et qui montre, comme la poésie précédente, une tournure d'esprit très humoristique, très inattendue, chez le traducteur, si laborieux et si absorbé, des hiéroglyphes.

Pétition du Pharaon Osymandias
à S. M. le Roi de Sardaigne

Sire,

Un vieux proverbe égyptien dit : *Pierre qui roule n'amasse pas mousse!* J'en fais la triste et bien cruelle expérience.

Lorsque sur la proposition de M. Drovetti, qui me vantait la courtoisie et la civilisation de l'Europe, je consentis à quitter Thèbes, ma chère patrie, pour voir les contrées de l'Occident, je dus, puisque la course ne pouvait se faire autrement, me soumettre à être placé sur un vaisseau d'une manière fort incommode, et très peu convenable soit à mon rang, soit à mon illustre famille. Une seule espérance adoucissait l'ennui de la traversée, celle des honneurs qui m'attendaient sans doute au milieu de peuples qui doivent en très grande partie les lumières dont ils se vantent à la vieille nation que j'ai longtemps gouvernée avec tant de gloire. Je prenais donc en patience et le mal de mer et les dégoûts perpétuels dont m'abreuvaient mes compagnons de voyage, qui feignaient d'ignorer avec quel personnage ils avaient l'honneur de faire route.

J'arrive à Livourne, et on me loge dans une espèce de magasin. On m'y laisse plusieurs mois sans s'enquérir seulement si le local pouvait ou non me convenir, j'aurais cent fois perdu patience et tenté quelque coup d'éclat, car en ma qualité de conquérant je suis fort vif, quoique très posé en apparence, si mes compatriotes Thoutmosis et Amenophis, personnages assez flegmatiques de leur naturel, et renfermés dans la même cave que moi, ne m'eussent déterminé à m'y tenir en paix, en attendant l'évènement.

Quant à Sésostris que j'y retrouvai aussi, le pauvre garçon était si malade et tellement brisé du voyage, qu'il avait double raison pour ne s'occuper que de lui.

Grâce à ces bons camarades, je ne suis point mort d'ennui, car Thoutmosis me contait les vieilles histoires de son temps, et Amenophis, qui sous le nom de Memnon s'est fait jadis une très belle réputation comme musicien, me chantait de tems en

tems un de ces jolis airs, qui dans la plaine de Thèbes faisaient autrefois courir en foule à ses pieds les Grecs et les
Romains.

Mais Votre Majesté peut se figurer quelle fut ma douleur,
lorsque je demeurai seul, et que je vis partir successivement
pour sa capitale, non seulement tous les Pharaons mes amis,
mais encore trois ou quatre petits typhons qui eussent pu du
moins charmer ma solitude par leur mine et leur caractère
grotesque, quoique ce soit, au fond, du fort petit monde et des
gens d'assez méchante compagnie. Je restai pétrifié de cet
affront; aucune plainte ne sortit de ma bouche; mais immobile
et l'œil fixe je dévorais mon cœur, comme on disait autrefois
dans mon pays. Bref, je ne repris quelque mouvement que le
jour seul où l'on m'embarqua pour Gênes.

C'est là que je dûs encore faire une longue station, abandonné sans honneur près d'une des portes; mais je me
raidissais contre le malheur; j'étais déjà endurci par les
souffrances passées, et je sus, en attendant que Votre Majesté
m'appellât dans sa ville royale, supporter froidement les
manques de respect d'un peuple grossier auquel ma figure ni
mon costume n'en imposaient aucunement. Je fis plus, je
conservai mon impassibilité, aucun mouvement de dédain ne
sillonna même mon visage, lorsque un certain savant du pays
accourut à moi prétendant me connaître et ne sachant pas voir
sur mon front le diadême des rois et les insignes du fils aîné
d'Ammon, osa publier que je n'étais qu'une espèce d'*intendant*
ou *sous-intendant* et soutenir que je m'appellais Ozial, nom
inconnu à l'Egypte *entière*, moi qui suis le *roi du peuple
obéissant, le soleil gardien des mondes, l'enfant du soleil,
Osymandias!*

C'est du milieu de telles tribulations, qu'on m'entraîne enfin, couché sur un charriot grossier, sur lequel je me laissai placer sans la moindre résistance, pensant que c'était enfin la dernière des épreuves qui m'étaient réservées. J'arrive à Turin dans ce triste équipage, et au lieu de me conduire directement dans le palais de Votre Majesté, on me fait mettre pied-à-terre dans la cour de l'Académie des sciences, où j'appris toutefois en arrivant qu'il avait été question de moi, et que même mon véritable nom avait été prononcé. Je supposai donc encore qu'il avait été jusque-là dans les intentions de Votre Majesté que j'eusse voyagé *incognito*; mais du moment que mon rang était connu, je m'attendais d'un instant à l'autre à ce qu'on vint me rendre les honneurs dûs à ma naissance. Une foule d'individus m'environne en effet; la cour brille de l'éclat des flambeaux..... Mais on me passe sans respect une corde au cou, et bien malgré moi, car j'avoue que je faisais le pesant, on me mit droit contre un mur, et sur un grand piédestal, sans faire attention seulement que j'en avais apporté un avec moi, lequel ne m'a point quitté depuis mon départ de Thèbes.

Dans une posture aussi gênante, exposé à toute heure aux regards du public, auquel mes insignes *royaux* n'en imposent pas toujours, j'attendais depuis plusieurs mois, que Votre Majesté mit un terme à mes souffrances. J'avais de plus le déplaisir d'apercevoir, grâce à ma haute taille, à travers les fenêtres voisines, mes anciens compagnons de voyage, dans une situation bien préférable à la mienne. Je voyais par exemple Moeris perché sur une espèce de théâtre, tout juste comme nos hiérogrammates lorsqu'ils racontaient les métamorphoses d'Osiris au peuple assemblé dans les temples : plus loin Sésostris entièrement remis de ses blessures et se carrant au milieu d'une vaste salle sur un socle même de beaucoup trop élevé pour sa taille; je voyais de pauvres diables

déjà fermés sous des centaines d'aunes de bandelettes et cal-
feutrés déjà très chaudement dans deux ou trois caisses,
recouverts à ma barbe, par un surcroît de soins, d'une belle
robe neuve de toile jaune bordée de galons verts. Je voyais
enfin de mon observatoire incommode, telle petite bourgeoise
de Thèbes, que je n'eusse jamais honorée d'un simple regard,
accueillie avec une galanterie raffinée et gracieusement fermée, je ne sais trop pourquoi, dans une petite maison de
verre.

Mais ce n'est point assez, c'est au milieu de ces mortifica-
tions si cuisantes pour mon amour-propre, qu'on est venu,
Sire, mettre le comble à tant d'outrages. Au lieu de me conduire dans un somptueux palais, maintenant que la température
de ces contrées devient d'une âcreté jusqu'ici inconnue pour
moi, on me laisse dans une basse-cour, exposé à toutes les
rigueurs dans la solitude la plus complète; et c'est là surtout
ce qui me décide à recourir enfin à la justice et à la piété de
V. M. Au lieu de me garantir des injures de l'air, en me donnant un bel habit jaune bordé de vert, comme à quelques-uns
de mes collègues, et même à certains chats et autres animaux,
qui ne s'attendaient point à des attentions si délicates, on me
couvre grotesquement sous des monceaux de paille. Je me
hâte de profiter de l'instant où cette ridicule enveloppe ne me
recouvre encore que jusqu'au menton, pour ouvrir enfin la
bouche et me plaindre hautement de telle indignité. Quoi! le
Pharaon qui conquit la Bactriane à la tête de 700.000 hommes,
qui éleva le plus merveilleux édifice de Thèbes, ne sera plus
désormais qu'un roi de paille, ou pour trancher le mot, qu'un
roi empaillé? Non, Sire, Votre Majesté ne le souffrira point :
Elle connaît maintenant la longue suite de mes tribulations,
j'en appelle à son équité; c'est en roi qu'il faut qu'on me

traite. Cé mot dit tout ce que j'attends. Je demande aussi comme réparation indispensable, que l'inventeur du costume ridicule dont on m'affuble, soit lui-même empaillé, pour être déporté au muséum d'histoire naturelle, et ce sera justice.

22 décembre 1824.

Cette dernière pointe visait le chevalier de Saint-Quentin, conservateur du musée de Turin, qui avait jalousé l'égyptologue Français, sa faveur marquée auprès du roi Charles-Félix, de la cour Piémontaise, et du ministre d'Etat comte Costa. Au grand scandale du monde savant, M. de Saint-Quentin avait même plagié Champollion dans un ouvrage technique : celui-ci ne s'en vengea que par les derniers mots de la plaisante requête pharaonique ci-dessus relatée.

IV

CHAMPOLLION A ROME

Lorsque Champollion, illustré déjà par sa découverte, visita Rome, Turin, Florence, Naples, et,
plus tard, l'Egypte elle-même ; son principal objectif,
on le comprend, fut d'étudier, dans les musées ou
sur leur lieu d'origine, les monuments égyptiens,
obélisques, pierres gravées, papyrus ; d'appliquer
son merveilleux système d'interprétation ; de le
confirmer et de le développer par la pratique en
déchiffrant les inscriptions de l'ancienne Egypte. Sa
correspondance de voyageur, avec son frère, est
donc remplie d'exposés savants, qui offrent un intérêt purement technique. Ces voyages en effet confirmaient la justesse de sa découverte : il a joyeusement
écrit d'Egypte à M. Dacier :

Je suis fier maintenant que j'ai le droit de vous annoncer
qu'il n'y a rien à modifier dans le système publié. L'alphabet
est le bon, il s'applique avec un égal succès aux monuments

du temps des Lagides et des époques Pharaoniques. Tout
légitime donc les encouragements que vous avez donnés à
mes travaux hiéroglyphiques.

Mais en dehors de ces recherches scientifiques,
on trouve, dans les lettres intimes datées de Rome,
quelques détails qui pourront peut-être appeler, à
un autre titre, l'attention des curieux..

L'opinion publique en effet se demandait alors
ce qu'allait découvrir la science dans ce livre fermé
que le grand égyptologue ouvrait subitement; ce
que révéleraient sur le vieux monde inconnu les
textes, vierges depuis vingt siècles et maintenant
déchiffrables? La vieille histoire nationale des Egyptiens qu'allaient livrer tout d'une pièce à notre
temps les inscriptions des tombeaux et des monuments, confirmerait-elle ou infirmerait-elle l'histoire
connue, l'histoire des peuples voisins, et notamment
les données chronologiques de la *Bible?*

L'ignorante égyptologie d'autrefois avait inquiété
déjà les croyances en attribuant au fameux zodiaque
découvert dans le temple de Dendérah une antiquité

prodigieuse, et en reportant, d'après lui, le commencement du monde bien au delà des limites
indiquées par Moïse.

L'oracle du jour, le philosophe Volney, s'était
prononcé catégoriquement à Dendérah même!
D'après lui, le zodiaque égyptien établissait sans
conteste que le monde existe depuis quinze mille
ans au moins, et non pas depuis six mille ans
comme l'assurent les calculs orthodoxes.

Or Champollion n'était pas dévot : il dit quelque
part, et toute sa correspondance le confirme radica-
lement, que le but de ses longues recherches n'a
nullement été de fournir des arguments à la foi
chrétienne :

Je n'ai pas cherché la gloire de Dieu.

Les centres, les justes-milieux lui font horreur;
il va tout droit, sans compromissions et sans con-
cessions; il ne louvoie pas; il dit les choses comme
elles sont à ses yeux. Il a même drôlement écrit : les
moyens termes sont un poison, loin d'être un bien.

In medio stat virus; *non* virtus.

Non seulement il est étranger à toute partialité théologique, mais il pencherait plutôt vers la tendance profane. Ainsi est-il agacé de la comparaison souvent établie par les orateurs ou les écrivains entre la civilisation du peuple hébreu et celle du peuple égyptien; il critique la supériorité généralement attribuée au premier sur le second. A ses yeux, fort prévenus, la notion du Jéovah israélite avec son culte sanglant et ses menaces temporelles était inférieure à la conception de l'Amnon égyptien avec ses rites fleuris, sa mythologie symbolique, sa hiérarchie de célestes intercesseurs préposés par la divinité suprême aux différents besoins de l'homme, et implorés spécialement selon chaque circonstance, selon chaque fléau local.

Les Egyptiens que l'on dit un peuple *bête* et *oignonicole*, avaient les idées les plus pures et les plus grandes sur la divinité.

C'est donc sans parti pris confessionnel que

Champollion étudia (dès que sa clé merveilleuse lui permit de déchiffrer sûrement les inscriptions égyptiennes), le curieux planisphère détaché du plafond de Dendérah, à l'aide de puissantes scies, et apporté en France, avec la permission de Méhémet-Ali, en 1821. Cette représentation égyptienne des constellations célestes, établie en relief sur une puissante dalle de trois mètres carrés, accusa soudain, dès qu'on put lire ses hiéroglyphes, une date très récente! Le zodiaque déchiffré apparut comme un modeste contemporain des Césars! D'ailleurs, le temple de Dendérah tout entier ne remonte pas au delà.

Le pronaos est couvert de légendes impériales de Tibère, de Caïus, de Claude et de Néron : les sculptures ne peuvent remonter plus haut que les temps de Trajan ou d'Antonin. Le grand propylon est couvert des images des empereurs Domitien et Trajan. Quant au typhonium, il a été décoré sous Trajan, Adrien et Antonin le Pieux.

Dendérah perdait ainsi son prestige préhistorique et cessait d'être utile aux adversaires de la chronologie biblique.

Un autre zodiaque, celui du temple d'Esneh, était
également regardé comme antérieur à la chronologie orthodoxe. Champollion l'étudie, et voici ce
qu'il apprend :

Les inscriptions du grand zodiaque d'Esneh démontrent qu'il
a été dédié *sous le règne de l'empereur Commode.* Ainsi les
milliers d'années de Jomard se résolvent en fumée!....

Pour encourager Jomard, l'as-tu régalé d'un petit article *sur
l'excessive antiquité du règne de Commode,* prouvée par le
zodiaque d'Esneh?......

Ce temple a été regardé, d'après de simples conjectures
établies sur une façon particulière d'interpréter le zodiaque du
plafond, comme le plus ancien monument de l'Egypte. L'étude
que j'en ai faite m'a pleinement convaincu que c'est au contraire le plus moderne. La porte du pronaos offre la dédicace,
en grands hiéroglyphes, de l'empereur Claude; la corniche de
la façade et le premier rang de colonnes ont été sculptés sous
les empereurs Vespasien et Titus. La partie postérieure porte
les légendes des empereurs Antonin, Marc-Aurèle et Commode. Quelques bas-reliefs sont de l'époque de Domitien.
Tous ceux des parois portent les images de Septime-Sévère et
de Géta. Ainsi donc la construction ne remonte pas au delà de
l'empereur Claude, et ses sculptures descendent jusqu'à Cara-
calla. Du nombre de celles-ci est le fameux zodiaque dont on
a tant parlé. Cela est d'hier, comparativement à ce qu'on
croyait.......

Je débarrasse les croyants de six mille ans qui gênaient.

Autres conformités avec l'orthodoxie :

Les deux faits les plus saillants où, d'après l'histoire juive, l'Egypte s'est trouvée mêlée, sont : l'exode des Hébreux, esclaves des Pharaons, s'enfuyant au loin avec les trésors dérobés à leurs maîtres; et, plus tard, l'invasion de Jérusalem, la défaite de Roboam par le Pharaon Sésac. Or Champollion, en déchiffrant les papyrus et les inscriptions sépulcrales, a précisément trouvé trace et confirmation de ces circonstances.

C'est assurément sans aucune révérence à l'égard des émigrants juifs, que, traduisant les vieilles inscriptions égyptiennes, Champollion relate l'exode mosaïque; mais l'important c'est que, dans les annales égyptiennes, il ait rencontré mention du fait, mention d'ailleurs méprisante, inexacte et calomnieusement présentée par quelque scribe rancunier du temps :

J'ai appris des nouvelles de Moïse : il s'appelait Osarsit et se mit chef des lépreux et des galeux de l'Egypte, pilla, vola, tua, et fut s'établir à Jérusalem.

Quant à la défaite de Roboam par les Egyptiens,

12

voici ce que Champollion en a écrit, de Thèbes même :

On voit ici Sésonchis, traînant, aux pieds de la Trinité Thébaine, les chefs de plus de trente nations vaincues, parmi lesquelles j'ai retrouvé, *comme cela devait être,* en toutes lettres : *ioudahamalek, le royaume des Juifs ou de Juda.* C'est là un commentaire à joindre au chapitre XIV du III⁰ livre des Rois, qui raconte en effet l'arrivée de Sésonchis à Jérusalem et ses succès. Ainsi l'identité entre Sésonchis et le Sésac de la *Bible* est confirmée de la manière la plus satisfaisante.

On peut ajouter à cette affirmation si positive que le vieux portrait égyptien de l'Hébreu captif, calqué sur place par Champollion, paraît représenter fidèlement Roboam lui-même ; car les traits caractéristiques de la race israélite distinguent très nettement la physionomie de ce personnage au milieu des autres rois enchaînés.

D'autre part, Champollion a laissé cette note inédite :

La connaissance de la langue égyptienne est d'une grande utilité aux études bibliques. Elle est très utile pour l'intelligence d'une foule de passages obscurs de l'Ancien Testament, surtout du Pentateuque, dans lequel se rencontrent beaucoup de mots hébreux, dont le sens n'est point fixé, parce que ce sont des mots égyptiens écrits en caractères hébreux.

On voit donc que Champollion s'il ne ressemble nullement à un apologiste *ex professo* est cependant fondé à répudier — comme il l'a souvent fait — toute solidarité malsaine avec les adversaires de la révélation :

Lanci crie alarme contre les résultats de mon système pour la chronologie sacrée. Je me propose de le forcer de prouver ses dires : *je crois qu'il sera fort embarrassé!....*

Lanci, aussi méchant que jalousement bête, a insinué que mon système, s'il était vrai, conduirait inévitablement à la ruine de l'histoire sainte. *Il était impossible de laisser passer en silence une telle assertion!* J'ai donc rédigé une lettre à M. X..., dans laquelle je relève toutes les âneries de Lanci, en démasquant sa sotte jalousie que je tourne en ridicule. Je réponds ensuite sérieusement à sa maligne supposition.....

Je suis considéré comme un Père de l'Eglise, un vrai *Père de la foi*, défenseur de la religion et des bonnes doctrines!

Ailleurs il a plus sérieusement déclaré :

On a insinué avec instance que les résultats de mon système tendraient à contredire l'histoire telle que les livres sacrés nous la présentent. Je déclare cette accusation entièrement fausse, et je défie de trouver dans aucun de mes ouvrages un seul mot qui puisse motiver une telle assertion.

En effet, les chrétiens de toutes les confessions se réjouissaient de la découverte.

Au nom de ses correligionnaires, M. Charles Coquerel, rédacteur de la *Revue Protestante*, écrivait à Champollion :

Vos belles découvertes et vos recherches produisent dans notre communion un extrême intérêt, à cause des résultats et spécialement des résultats bibliques qui en découlent.......

Il y a dans l'*Egytian Antiquities* du *Britrih Museum* une longue note sur la pierre de Rosette, fort scandaleuse, non. *sur*, mais *contre* les découvertes de l'illustre Champollion. Je compte en dire deux mots dans la *Revue Britannique*.

Et M. le pasteur Athanase Coquerel ajoutait dans le *Protestant* :

J'ose presque me dire le plus zélé de ses admirateurs; je ne vois que sa gloire qui puisse nous consoler de sa perte!....

La critique sacrée a de grandes obligations à ce savant illustre; sans parler du service qu'il nous a rendu, en rajeunissant, en dépit des astronomes et des derniers disciples de Dupuis et de Volney, le fameux zodiaque de Dendérah. Une foule de détails, d'allusions et de rapprochements dus aux infatigables et ingénieuses recherches du savant ont jeté un nouveau jour sur la *Bible* et confirment sa fidélité.

L'évêque Grégoire, de l'*Eglise constitutionnelle*, écrivait également :

Les talents qui vous distinguent, les preuves éclatantes que déjà vous en avez données, promettent à notre littérature languissante des consolations et de bons ouvrages.

Avec plus d'éclat, les catholiques autorisés tenaient le même langage.

Châteaubriand, pontife laïque des croyances, écrivait :

Vos admirables travaux auront la durée des monuments que vous venez de nous expliquer !

Dans son rapport officiel, approuvé par le roi Charles X, le 15 mai 1826, pour la création du musée égyptien du Louvre sous la surveillance de Champollion, le vicomte de La Rochefoucauld s'exprimait ainsi :

Relativement aux monuments d'Egypte, une érudition consciencieuse ne pouvait opposer que des déductions conjectu-

rales aux assertions diverses. Les monuments portaient en
eux-mêmes la solution de tant de difficultés : mais l'interprétation des écritures hiéroglyphiques était encore un mystère
qui durait depuis quinze cents ans. Tout fut subitement changé
par la découverte de l'alphabet des hiéroglyphes, dont l'application a déjà été très utile à la vérité de l'histoire et à l'affermissement des saines doctrines. Car — Votre Majesté ne l'a
pas oublié — ce sont les découvertes de M. Champollion qui
ont démontré sans opposition que ce zodiaque de Dendérah,
qui semblait alarmer la conscience publique n'est qu'un
ouvrage de l'époque Romaine en Egypte..... On voit donc se
réunir à la fois, en faveur de la nouvelle création (musée
égyptien) l'intérêt des arts, celui des sciences historiques,
l'honneur littéraire de la France, et l'affermissement des
saines doctrines, que l'étude des monuments ne peut que
mettre dans un plus grand lustre.

Et le duc de Blacas, félicitant Champollion sur sa
nomination de conservateur du musée égyptien,
ajoutait :

M. le duc de Doudeauville ne m'a pas laissé ignorer l'opposition qu'il a eu à combattre ; mais, par des faits, vous démen-
tirez tout ce que la malveillance a cherché à répandre sur vos
principes : j'en suis bien certain.

Louis XVIII avait jugé de même, si nous en
croyons le *Moniteur* du temps :

Le roi ayant daigné accorder une bienveillante attention à l'intéressant travail de M. Champollion sur les écritures égyptiennes, vient de lui faire remettre par M. le duc de Blacas, premier gentilhomme de la Chambre, une boîte d'or, ornée du chiffre de Sa Majesté en diamants.

Le cadeau d'une royale tabatière occasionna un second présent, qu'annonçait fort spirituellement à l'égyptologue cette lettre de Bordeaux, signée *Suriray de la Rue* (Magasin des tabacs en feuilles, exotiques et indigènes).

Monsieur,

« Si j'étais roi, je voudrais être juste..... »
Je ne vous aurais point donné une tabatière sans la remplir de poudre jaune d'Ophir, ou de sable du Pactole. Le destin m'empêche de pouvoir faire aussi bien
« Que si j'étais contrôleur des finances..... »
Mais vous me permettrez du moins de vous offrir un peu de poudre de nicotine digne je crois d'emplir votre royale tabatière; car « je suis orfèvre » et j'ai horreur du vide... de nos connaissances. Aussi, nul n'est plus affamé que moi de vérités et admirateur plus sincère des vives clartés que vous répandez au sein de ces merveilleuses ténèbres d'Egypte.
Je me flatte, Monsieur, que dans vos laborieuses veilles, vous estimerez, au moins autant qu'une prise de tabac, le souvenir de votre très humble serviteur.

Champollion lui-même fait connaître une autre
largesse :

Sa Majesté vient de me faire cadeau d'un exemplaire du
grand ouvrage de la Commission d'Egypte : c'est un présent
qui vaut sept mille francs, si je me décidais à le vendre; mais
le respect et la reconnaissance!....

En attribuant une si haute valeur vénale à l'ouvrage des savants de l'ancienne expédition, Champollion n'exagérait pas. Le prospectus des libraires
Bure et Tilliard porte en effet que le prix des neuf
volumes avec leurs huit cent quarante planches
sur papier vélin, retouchées au pinceau, était de
six mille sept cent cinquante francs.

Louis-Philippe d'ailleurs ne se montra pas, plus
tard, moins généreux. Il fit exécuter en biscuit de
Sèvres, d'après le dessin de Champollion défunt, et
offrit au frère de celui-ci, une coupe égyptienne,
dont le jeune savant avait rapporté l'image, et qui
s'est appelée, d'après ses gracieux appendices, *le
vase aux gazelles*. Ce souvenir de Louis-Philippe et
de Sésostris existe encore en la maison de Vif.

Dans les mêmes sentiments que Charles X, la pieuse *Gazette de France* écrivait sous la signature de M. Destain :

Vous venez, Monsieur, de nous enrichir d'une heureuse conquête. *La Gazette* suit vos travaux avec l'intérêt qu'on doit à vos lumières, à votre courage, et aux résultats que vous avez déjà obtenus. Nous ne nous arrêterons pas : Il me tarde beaucoup de vous voir et de vous féliciter de tout mon cœur.

Le même journal, essentiellement orthodoxe, s'empressa dès que Champollion fut mort, d'ouvrir une souscription pour son monument. La *Gazette* appartenait alors à M. de Genoude, un Dauphinois, que Champollion avait eu pour camarade au lycée de Grenoble, et qu'il a même mentionné dans sa correspondance enfantine, comme on l'a vu plus haut, l'appelant *Genoud*, ce qui n'était pas un surnom de collège, mais à cette époque le vrai nom du célèbre journaliste, régulièrement ennobli dans la suite.

Ces témoignages sans doute sont précieux et

honorables; mais, sur les questions qui touchent à la foi, les approbations les plus hautes, même celles de la cour de France, n'offrent qu'une relative importance. Ce qui domine, en ces matières, c'est le jugement de Rome.

Rome, demandait-on, acceptera-t-elle sans défiance les horizons indéfinis dont Champollion déchire ainsi le voile? Approuvera-t-elle, en principe, ces incursions libres, inattendues, illimitées, de la science dans une antique histoire qui confine, sur beaucoup de points, à l'histoire révélée? Ne craindra-t-elle pas des oppositions possibles entre le livre sacré dont elle est gardienne, et le livre également ancien qui va renaître des cendres, en dehors de son contrôle? Quel accueil fera-t-elle à cet audacieux — taxé d'ailleurs de libéral — qui risque peut-être, par sa découverte, d'attenter à la tradition?

Rome n'avait nullement condamné les précédentes recherches sur l'histoire et même sur la langue de l'ancienne Égypte. Ainsi, Champollion, parmi les pionniers qui ont tenté avant lui la voie, a-t-il pu citer — avec éloge — de savants ecclésiastiques, tels que les jésuites portugais qui ont remonté le Nil ; puis le Père Athanase Kircher, de Fulda en Allemagne, auteur de l'*Œdipe Egyptien*, écrit en latin, le Père Mingarelli, à Venise, le Père Dubernet et le Père Sicart, tous quatre Jésuites ; le Père Bonjour et le Père Georgi, Augustins ; le célèbre cardinal Etienne Borgia, évêque de Vélétri, qui avait établi dans son palais un véritable musée égyptien. Mais, cette fois, il ne s'agissait plus d'interpréter à tâtons, comme ceux-ci l'avaient fait, les traditions fabuleuses de l'antiquité classique sur l'Egypte ; les révélations précises succédaient aux conjectures plus ou moins clairvoyantes ; Champollion évoquait soudain le témoignage direct, inépuisable, du sphynx africain, jusqu'alors obstinément muet.

Qu'en penseraient les chefs religieux ?

Ce jugement de Rome, Champollion, malgré son esprit indépendant, n'y était nullement insensible :

Il est tout à fait convenable que je prenne ma course vers

la basse Italie, où je suis annoncé depuis longtemps, d'après les dires de mes compatriotes qui en reviennent. *Je tiens à convertir les Romains à mon Eglise!*

Le savant ne présumait pas trop de la sagesse et et de la raison qui inspireraient à son égard la cour pontificale. Elle ne prêta pas l'oreille aux appréhensions des timorés. Champollion fut admis par elle, avec la distinction la plus marquée, ainsi que vont nous l'apprendre ses lettres intimes à son frère.

Le pèlerin de la science arrive à Rome en 1825, *l'année sainte,* l'année du grand jubilé accordé par Léon XII.

Dix mille citoyens romains considérant qu'ils se trouvent tous les ans à même de faire leur salut, puisqu'ils restent à la source même des absolutions, ont trouvé à propos d'évacuer Rome pour passer une grande partie de *l'année sainte* à Naples ou à Florence. Les mauvaises langues disent que ces messieurs quittent leur ville pour aller s'amuser ailleurs, vu que certains règlements publiés pour cette année dans la capitale du monde chrétien gênent singulièrement la toilette des dames et entravent les réunions mondaines. Il en résulte que les logements sont à très bon compte, dans la ville des Césars, et c'est un bien pour ceux qui sont comme moi délivrés de l'embarras des richesses. Tous les lieux de distraction sont très sagement fermés.

Champollion remarque incidemment à Rome les curieux vestiges, encore subsistants alors, de l'étrange discipline imposée par Napoléon à la curie pontificale dans ses rapports avec l'épiscopat français :

Il est de principe rigoureusement observé qu'aucun prélat n'écrive directement à un confrère français, et réciproquement. Toutes les relations des évêques de France et du clergé avec Rome, doivent avoir lieu par l'intermédiaire seul du ministre de l'Intérieur ou des relations extérieures !

Les études approfondies de Champollion à Rome ne l'empêchent pas de participer aux manifestations religieuses :

J'allai dîner et je fis maigre selon l'ordonnance.....

J'assistai à une grand'messe célébrée hier par le chapitre de Saint-Jean-de-Latran, *en mémoire d'Henri IV, premier chanoine de la basilique.* Il était représenté par le duc de Montmorency, qui occupait, en qualité de chanoine, la pre- mière place dans les stalles.....

Je compte demain assister à une *béatification* qui se fera dans la grande basilique.....

A Nocera, vieille ville grecque, superbe procession, dont le

principal personnage était une madone de bois colossale, et
habillée avec toute la recherche imaginable. Je doute fort que
la Notre-Dame de Liesse dont M. Dacier fait tant de bruit, ait
une aussi fière tournure que la *Madona di Nocera.* Celle-ci a
quelque chose d'*Osque,* ou tout au moins de vieux style grec...

Dis à M. Saint-Prix que je lui porterai certainement sa dis-
pense, de la Daterie Apostolique.....

Il a été impossible d'obtenir pour Saint-Prix la permission
de faire gras. Il faut de toute rigueur présenter un certificat
de médecin constatant qu'une bonne maladie vous donne le
droit de profiter de cette indulgence de l'Eglise. Adresse-moi
ce certificat ; je sais à qui m'adresser pour obtenir la permission en règle moyennant cette forme qui est indispensable.....

J'ai vu dans l'un des portefeuilles de *la Propagande* un
beau volume sur papier de soie, contenant une sorte d'histoire
littéraire de la Compagnie de Jésus en chinois et en latin. Aux
archives de *la Propagande,* les innombrables cartons classés
dans un ordre géographique et chronologique tout à la fois
renferment une grande quantité de documents littéraires de
tous les genres. Les recherches sur les idiômes en usage
dans les diverses contrées visitées par les Missionnaires four-
niraient des notions précieuses sur plusieurs dialectes de
l'arabe qui sont encore mal connus, ou serviraient utilement
à l'étude des anciennes langues de l'Afrique et de l'Asie. A
cet égard les Jésuites ont beaucoup fait.....

Mes tendresses à M. Dacier. Je lui ai acheté un beau chape-
let à Notre-Dame-de-Lorette, à laquelle j'ai fait une visite à
cinq heures du matin et aux flambeaux.....

Par la première occasion j'enverrai des chapelets de Lorette et du Pape.....

M. Dacier peut être certain que je ne l'oublierai pas dans mes prières en visitant les *quatre basiliques;* et si j'obtiens un brevet d'indulgences, il y sera certainement compris, lui et tous les siens.

Sur les *quatre basiliques* en voici au moins deux :

Sorti de mon hôtel, rue Condotti, je suis allé droit sur Saint-Pierre. Décrire l'impression que j'ai éprouvée en arrivant sur la place de cette basilique est chose impossible. Nous sommes des misérables en France, nos monuments font pitié à côté des magnificences romaines!.....

L'intérieur de Sainte-Marie-Majeure, d'une richesse inconcevable, m'a paru plus noble et plus beau que Saint-Pierre même! Ses deux magnifiques rangées de colonnes ioniques font un effet admirable.

Le voyageur jouit à Rome de la vie mondaine :

Le soir, je vois le monde, et grâce à notre ambassadeur je me trouve lancé dans le tourbillon.

La vie artistique, si intense à Rome, attire aussi Champollion :

Baruzzi, premier élève et successeur de Canova, m'a conduit

dans son atelier où sont encore en grande partie les chefs-
d'œuvre de son maître, plâtres ou marbres. J'ai également eu
le plaisir de voir l'atelier de Tenerami, et celui du célèbre
Thorswalden. Je suis dans les antiquités et les beaux-arts
jusqu'au cou. Cette vie me plairait fort.

Il jouit également des concerts sacrés... non sans
faire de plaisantes réserves :

La musique était délicieuse; et j'en aurais été ravi si malheureusement cinq ou six figures de castrats ne se fussent
constamment trouvées en perspective : cela désenchante tout.
Les sons ne paraissent plus si purs quand on aperçoit l'instrument.

Champollion, à Rome, s'occupe aussi de manifestations royalistes :

Et nous aussi, Romanis, nous fêterons le sacre (de Charles X).
Le duc de Montmorency est tout occupé de la grande et magnifique fête qu'il donnera à cette occasion dans la villa Médicis.
Ce sera superbe et on en parlera longtemps parmi les enfants
de Romulus. C'est une bénédiction que de leur fournir une
occasion de s'occuper et de passer une dizaine d'heures, dans
une année sainte où tous les plaisirs sont suspendus ou pros-
crits par ordonnance. N'ayant rien de mieux, on se rabat sur
les cérémonies publiques.....

Le duc de Montmorency célèbre dignement la fête du sacre.

Le 20 ont eu lieu des distributions de vivres au peuple romain qui les a reçues avec son avidité ordinaire. Mais le mauvais temps a empêché que la grande fête donnée à la villa Médicis à huit cents patriciens et à huit mille plébéiens, n'eût lieu le jour même. Nous attendons de jour en jour que le beau ciel d'Italie daigne se montrer digne de sa réputation. Je verrai l'effet que produira un chef-d'œuvre de ma façon. Le duc a saisi avec empressement l'idée d'élever au milieu de la villa, qui domine une partie de Rome, un obélisque de quarante ou cinquante pieds de hauteur, chargé de quatre longues légendes hiéroglyphiques coloriées et relatives au sacre du roi. Les hiéroglyphes ressortiront en transparents ; cela fera un effet magnifique, à ce que disent les architectes et décorateurs. On ne parle que de cet obélisque dans les salons, et il me tarde de voir illuminé cet aîné de mes enfants. Du reste les inscriptions sont d'une élégance classique, et les hiéroglyphes sont combinés, dessinés, de manière à ne rien craindre de la comparaison avec le voisin, l'obélisque de la place du peuple...

La fête du sacre, donnée par notre ambassadeur a eu lieu dans la soirée de dimanche. Elle a été superbe et mon obélisque a produit tout l'effet qu'on pouvait en attendre.

L'égyptologue eut d'ailleurs cette spécialité de célébrer pompeusement Charles X à l'étranger. Il a en effet écrit plus tard du Caire :

Le nom de notre monarque est partout vénéré. Mes jeunes gens ont peint ici les décorations du théâtre français, qui a été inauguré pour la fête du roi au grand contentement des français.

Ces détails ne doivent pas nous faire oublier que nous venons surtout constater à Rome quelle réception est faite à Champollion par la cour pontificale. Ses lettres s'étendent sur ce point. A Turin, il est affectueusement accueilli par le savant abbé Peyron, et le savant abbé Gazzera, et le savant Mgr Tosti, nonce du Pape auprès la cour de Savoie; à Bologne, par le chanoine archéologue Schiassi; à Florence, par l'abbé Zannoni; à Tortone, par le chanoine Bottazzi; à Nola, par l'évêque en personne.

A Rome, dès l'arrivée du savant dans « la ville des pèlerins et des Césars », les familiers du Pape, c'est-à-dire le cardinal Mezzofanti, célèbre et universel linguiste, le Père Ungarelli, barnabite, le savant garde-noble marquis Melchiori, l'abbé Féa, président des antiquités, le futur cardinal Maï, déjà prélat très en faveur, Mgr Testa, confident intime de Sa Sainteté, le chevalier Paul Drake et l'abbé François Cancellieri, bibliothécaire de *la Propagande,*

formèrent au jeune égyptologue français le plus
affectueux et le plus admiratif entourage :

Il est difficile d'être mieux accueilli à Rome que je ne l'ai
été.....

J'ai été comblé de toutes les manières; Monsignor Maï, le
découvreur des palimpsestes, prélat et préfet de la bibliothèque du Vatican, homme plein d'esprit et de cœur, a mis
entièrement à ma disposition tout ce qui pouvait m'intéresser
et m'a prié, de plus, de faire une notice raisonnée des papyrus
égyptiens du Vatican, dernièrement acquis par le Saint-Père.
J'ai fait un travail qui paraîtra incessamment en langue ita-
lienne, et c'est Maï lui-même qui a fait la traduction de mon
manuscrit.....

Parmi mes bons amis de Rome je compte surtout Monsignor Testa, prélat secrétaire des Brefs aux Princes, celui
qui écrivait dans le temps contre le zodiaque de Dendérah. Il
m'a reçu à bras ouverts, et comme ayant porté le dernier
coup à *la bête*; c'est un vieillard d'une gaieté charmante,
homme d'esprit et fort instruit. Il m'a absolument épousé et
je lui rends de bien bon cœur toute l'affection qu'il m'a
témoignée.....,

Je trouve enfin tout ce qu'il est possible de désirer en poli-
tesse et en facilités pour mes recherches.....

Je vais terminer, à la Bibliothèque vaticane, le catalogue de
leurs manuscrits égyptiens. Mᵍʳ Maï le traduit en italien, ainsi
qu'une notice de ma façon, je suis charmé de laisser à Rome
une petite carte de visite. Je n'ai qu'à me louer de la manière
aimable dont je suis accueilli. J'ai trouvé toutes les facilités
imaginables pour tout voir et pour tout copier.

J'ai retrouvé à Mgr Maï sa même ardeur, et pour l'Egypte et pour l'égyptien.....

Les hiéroglyphes sont en grand honneur à Rome. On m'a questionné, interrogé, et on a voulu absolument que je donnasse, chez M. le comte de Funchal, ambassadeur de Portugal, cinq ou six séances, dans lesquelles j'ai développé mon système et la marche de ma découverte. C'était une vraie mission que je prêchais là, et la grâce efficace a agi et j'ai compté autant de convertis que d'auditeurs.....

La cour de Rome prend un intérêt direct à nos travaux.....

Si l'entourage pontifical se montrait si favorable à Champollion, c'est que Léon XII lui-même s'était clairement prononcé :

J'ai eu l'honneur d'être présenté au Pape, qui m'a accueilli de la manière la plus aimable.....

Sa Sainteté a daigné me recevoir quoique malade. Le tout s'est passé de la manière la plus aimable. Le Pape, qui parle très bien français, a bien voulu me dire trois fois *que j'avais rendu un beau, grand, et bon service à la religion* par mes découvertes.

De plus, le Pape donna l'ordre au savant français de relever, de traduire et de publier, aux frais de la Chambre apostolique, les inscriptions des obélisques et monuments égyptiens existant à Rome.

Je suis bien aise que ces beaux monuments paraissent enfin fidèlement reproduits, et avec mon attache.

Et il ne faut pas croire qu'il s'agit ici d'une audience banale, d'une simple courtoisie. Le Pape entendit marquer à Champollion, mieux encore que par ses paroles, son approbation très précise; il convoqua chez lui l'ambassadeur de France, duc de Montmorency-Laval, et lui confia, au sujet du grand égyptologue, une mission spéciale, instante, dont l'ambassadeur a rendu compte en ces termes à son gouvernement :

A son Excellence Monsieur le Baron de Damas, ministre des affaires étrangères.

Rome, 22 juin 1825.

MONSIEUR LE BARON,

Ce serait en quelque sorte faire tort à un savant distingué, qui vient de quitter Rome, en y laissant des souvenirs qui ne passeront pas, que de ne point faire connaître au gouvernement du roi, non seulement l'accueil plein de bonté qu'il a reçu de Sa Sainteté, mais encore la déclaration d'estime et de véritable intérêt qu'Elle a daigné exprimer à son égard.

Le Pape m'a dit, en propres termes, qu'il reconnaissait dans les travaux de M. Champollion un service important rendu à la religion : « Il a, dit-il, abaissé et confondu l'orgueil « de cette philosophie qui prétendait avoir découvert dans le « zodiaque de Dendérah une chronologie antérieure à celle « des Écritures sacrées. »

Le Saint-Père s'est donc fait détailler par Mgr Testa, très docte dans la connaissance des antiquités (et, en qualité de secrétaire des Lettres aux Princes, familier chez Sa Sainteté) et s'est fait expliquer les arguments par lesquels M. Champollion établit 1° que ce zodiaque a été construit sous Claude et Néron ; 2° qu'il n'existe aucun monument qui remonte au delà de deux mille deux cents ans avant l'ère chrétienne, c'est-à-dire à l'époque d'Abraham ; en sorte que, suivant notre croyance obligée, il reste environ dix-huit siècles de ténèbres, dont on ne peut sortir que par l'interprétation des livres saints.

Ce n'est pas à cela seul que se borne le mérite de M. Champollion.

Sous le rapport des arts, il se fait encore remarquer. Il s'occupe de la composition d'un ouvrage sur l'histoire, et surtout sur les inscriptions des obélisques de Rome dont lui seul a pu pénétrer les mystères : et les journaux de cette ville en portent plus d'un témoignage.

Je puis vous assurer, Monsieur le baron, que la décoration de la Légion d'honneur qui serait accordée à M. Champollion serait une chose agréable au Pape, et à tout le corps des savants de Rome.

Les inscriptions de l'obélisque qui vient d'être élevé en hommage au Roi, et dont les ministres étrangers m'ont demandé avec empressement la traduction pour l'envoyer à leurs Cours sont peut-être de nouvelles considérations en faveur de la demande qui fait l'objet de cette lettre.

Agréez, Monsieur le baron, les nouvelles assurances, etc.

MONTMORENCY-LAVAL.

Champollion est informé de cette démarche :

L'excellent duc de Montmorency-Laval a dû écrire *proprio motu* et former une demande en ma faveur, avec l'assentiment *et la recommandation formelle* du Saint-Père. Il a eu la bonté de m'instruire de ce plan.

Charles X fit aussitôt répondre au pape Léon XII que ses intentions seraient remplies :

Une lettre de M. de Corbière m'annonce la faveur que le roi m'a faite de me nommer chevalier de la Légion d'honneur...

En effet, avant même que l'illustre voyageur eût repassé la frontière française, la croix sollicitée pour lui au nom de l'Eglise lui fut remise par l'ambassade à Turin :

J'ai été *crucifié* ces jours derniers par M. de Château, premier secrétaire d'ambassade, fondé de pouvoirs de M. de la Tour du Pin : c'est donc une affaire faite.

A l'imitation du pape, le patriarche de Jérusalem voulut que Champollion fût décoré. Il lui envoya la croix de l'Ordre du Saint-Sépulcre en récompense orientale des services rendus à la religion par l'égyptologie. Mais le savant était pauvre : il ne put acquitter pour cette croix les droits de chancellerie, encore qu'on lui eût fait savoir qu'on les réduirait, à son propre gré.

Les érudits ne sont pas des Crésus. Je dois renoncer à cet honneur et me contenter de celui d'en avoir été cru digne.

En France, le haut clergé professa les mêmes sentiments que l'autorité romaine à l'égard du grand égyptologue.

Mgr de Frayssinous, évêque d'Hermopolis, s'empressa de mettre à profit, dans ses conférences de Saint-Sulpice, la confirmation qu'apportait à la chronologie mosaïque la lecture des hiéroglyphes égyptiens.

Le cardinal de Bausset, académicien et pair de France, écrivait au savant :

Je voudrais voir votre sort décidé de la manière la plus conforme à vos goûts, à vos connaissances et à l'intérêt général, dans une partie si importante pour tous les amis des sciences et des lettres. Je trouverai toujours ma satisfaction personnelle dans tout ce qui pourra contribuer à la vôtre..... L'estime des hommes recommandables par leurs lumières et leurs qualités est la récompense la plus douce des travaux qui ont pour objet de faire aimer la religion.

L'évêque de Bayeux :

Brûlant d'un vif désir de voir et d'entendre M. Champollion, je lui demande s'il aurait la bonté de me recevoir demain mercredi? Je lui présente l'hommage de mon admiration et je suis impatient de le faire en présence.

Et plus tard :

Informé par les papiers publics de la perte irréparable que nous avons faite par la mort de M. Champollion, un de ses admirateurs se permet de témoigner ses regrets personnels. Je n'oublierai jamais le bonheur parfait dont j'ai joui en l'entendant parler de ses scientifiques recherches sur les monuments égyptiens et sur leur chronologie. Si, comme je le présume, il y avait une souscription ouverte pour lui élever un monument, je serais flatté d'y envoyer la mienne.

Mgr Simon, évêque de Grenoble :

Je suis très flatté qu'une bonne circonstance me procure l'avantage de vous faire agréer l'assurance de mes sentiments.

L'abbé Greppo, vicaire général de Belley :

Mon évêque et moi avons souscrit l'un et l'autre à l'ouvrage sur l'Egypte. J'entends des personnes craindre que votre publication ne blesse les doctrines religieuses : je leur dis à tous le contraire.

L'abbé Labouderie, vicaire général d'Avignon :

Que M. Champollion se ménage pour la gloire de la France et pour la satisfaction de ses nombreux admirateurs. Qu'il agrée l'assurance des sentiments qui lui sont connus et qui sont inaltérables.

Enfin, un vétéran de l'ancien clergé, un revenant de l'émigration, le savant bénédictin Dom de Bétencourt, âgé de quatre-vingt-quatre ans, écrivait à Champollion :

C'est une bonne fortune pour moi de rencontrer un parfait accord entre vos idées et les miennes : je vous ai voué ma reconnaissance !

Mᵍʳ Raillon, archevêque d'Aix, tenait un semblable langage ; et Mᵍʳ de Bovet, archevêque de Toulouse, publiait lui-même, d'après Champollion. les *Dynasties Egyptiennes.*

L'Eglise ne pouvait plus hautement témoigner de ses sentiments à l'égard de l'homme de génie, qui, disciple de la science seule et n'entendant servir aucune polémique confessionnelle, a cependant, sans le vouloir, sans le chercher, confirmé les bases fondamentales de nos croyances, en projetant une éclatante lumière sur les vieilles ténèbres égyptiennes, ténèbres qu'avant lui la fausse science exploitait impudemment au profit de l'erreur.

L'opinion publique ne s'y est pas trompée. Ce sont des honneurs chrétiens qu'elle a d'abord décernés à la mémoire du grand égyptologue. Il est à propos de transcrire ici, en terminant, la délibération municipale prise le lendemain de sa mort, par sa ville natale :

Ce jourd'hui onze mars mil huit cent trente-deux les membres du Conseil municipal de la ville de Figeac extraordinairement convoqués par M. le Maire, en vertu de l'autorisation de M. le Sous-Préfet.....

Considérant que les études et les travaux scientifiques de

Jean-François Champollion honorent sa patrie et commandent un témoignage solennel de la reconnaissance de ses concitoyens.....

Arrêtent à l'unanimité :

Un service funèbre sera célébré dans l'église paroissiale le dix-huit mars mil huit cent trente-deux.

M. le Maire est prié d'inviter toutes les autorités à cette cérémonie.

Ce n'est qu'après avoir rempli ce pieux devoir que la ville de Figeac, plus tard imitée par la ville de Paris, par la France entière et par toute l'Europe, s'occupa d'élever un monument à son illustre fils.

www.ingramcontent.com/pod-product-compliance
Lightning Source LLC
Chambersburg PA
CBHW071949090426
42740CB00011B/1874